2020年安徽省高校质量工程重点教学研究项目：
高校思政课程和课程思政融通机制研究（2020szjyxm030）建设成果

思想道德与法治
教学关键词

张守龙◎著

安徽师范大学出版社
ANHUI NORMAL UNIVERSITY PRESS
·芜湖·

图书在版编目（CIP）数据

思想道德与法治教学关键词 / 张守龙著. — 芜湖：安徽师范大学出版社，2021.11（2022.10重印）
ISBN 978-7-5676-5205-7

Ⅰ.①思… Ⅱ.①张… Ⅲ.①思想修养—教学研究—高等学校②法律—中国—教学研究—高等学校 Ⅳ.①G641.6②D920.4

中国版本图书馆CIP数据核字(2021)第123237号

思想道德与法治教学关键词 张守龙/著

责任编辑：吴　琼
责任校对：晋雅雯
装帧设计：丁奕奕
责任印制：桑国磊
出版发行：安徽师范大学出版社
芜湖市北京东路1号安徽师范大学赭山校区　　邮政编码：241000
网　　址：http://www.ahnupress.com/
发 行 部：0553-3883578　5910327　5910310(传真)
印　　刷：江苏凤凰数码印务有限公司
版　　次：2021年11月第1版
印　　次：2022年10月第3次印刷
规　　格：700 mm × 1000 mm　1/16
印　　张：13.75
字　　数：200千字
书　　号：ISBN 978-7-5676-5205-7
定　　价：42.00元

自　序

思想道德与法治课（以下简称“道法”课），是我国高校思想政治理论课的主干课程之一，肩负着对大学生进行思想教育、道德教育和法治教育，帮助大学生树立正确的世界观、人生观和价值观，培养社会主义事业的合格建设者和可靠接班人的重任。所以上好“道法”课，增强教学的吸引力和实效性意义重大。为此，高校思想政治理论课教师积极探索，改革和创新教学模式。从教学理念上说，是要改变“灌输式”的教学方式，发挥学生学习的主体作用，使思政课教学向“渗透式”“体验式”转变，实现思政教学的“三贴近”。从教学方法上说，是按照启发式教学和翻转课堂的要求，广泛尝试专题式教学、案例式教学、情景式教学、体验式教学、讨论式教学等方法。从教学考核上说，是普遍注重综合考核，改变期末“一张试卷定命运”的状态，把学生的日常生活和学习过程的表现等纳入考核之中。从技术手段上说，是把“互联网+”运用于思政教学，注重线上线下配合。

显然，广大高校思政课教师为了增强思政课教学的吸引力和实效性，“各显神通”，做出了很大努力，活跃了课堂气氛，吸引了学生注意力，取得了很大成效。然而，在教学实践中也出现了庸俗化、娱乐化、政治淡化和知识讲解碎片化倾向。[①]而教师不能把理论讲透，就会把思政课教学变成庸俗的娱乐课或者口号式的政治宣传课，就不能很好地发挥思政课作用，因为真正征服学生的是理论的说服力。正如习近平总书记在学校思想政治理论课教师座谈会上强调的那样：思政课教学“要以透彻的学理分析回应学生，以彻底的思想理论说服学生，用真理的强大力量引导学生”，“思政课教师所讲的理论、观点、结论要经得起学生各种‘为什么’的追问，这样效果才能好”。本课题组成员在长期的教学实践和课程建设过程中也深深感到，有必要加强“基础”课中的重要概念、判断、论断的理论分析力度，按照增强理论的系统性、逻辑性和说服力的原则，以马克思主义为指导，对相关理论进行深化或扩展。按照这样的思路，我们编写了《思想道德与法治教学关键词》一书，目的是为“道法”课和课程思政教师的教学提供参考，也可为学生自学提供一定的帮助。

本书按照《思想道德与法治》教材的章节顺序，把各章节中的重难点和一些对理解重难点有重要作用的概念、判断和论断作为关键词，进行专题式理论分析。而对关键词的分析具有以下特点：一是坚持政治性原则。“道法”课是高校思政课程，政治引导是其基本功能，而对教学关键词的分析也是为了增强课程政治引导中的说服力。所以，理论分析必须以马克思主义为指导，紧紧围绕培育和弘扬社会主义核心价值观这个核心，贯彻习近平新时代中国特色社会主义思想。二是以增强说服力为目的。在分析每一个教学关键词时，我们都注重讲清理论的前因后果，尽力明晰理论的系统性和逻辑性，从而增强理论的说服力。三是注重理论联系实际。在关键词的分析中，我们除了以马克思主义这一科学理论为理论依据外，还以大量的事实为基础。

加强和改进高校思政课教学，提高思政课教学的实效性，是摆在高校

①万新娟.关于思政课教学庸俗化、娱乐化和政治淡化的分析[J].党史博采（理论版），2018(3)：68-69.

思政课教师面前的艰巨任务。思政课教师责无旁贷。本项目组成员在课程建设和教学研究过程中，协助本人编写此书就是为提升“道法”课教学实效性所做的一次尝试。但由于本人水平有限，书中难免会存在不妥之处，欢迎同行予以批评指正！

张守龙

2021年1月26日

目　录

绪　论
担当复兴大任　成就时代新人

绪论部分论述了“思想道德与法治”课的性质、学习目的和方法，明确了“道法”课与大学生成长成才的关系，目的是让大学生以肩负的历史使命激励自己努力学习、加强道德修养。根据本章节的教学内容，需要弄清以下教学关键词：新时代、中国特色社会主义、新时代中华民族的历史使命、人才。

一、新时代

党的十九大报告指出：“经过长期努力，中国特色社会主义进入了新时代，这是我国发展新的历史方位。”那么，什么是“新时代”呢？应该如何理解这个“新时代”呢？

（一）“新时代”是中华民族通过长期不懈的奋斗达到的新境界

习近平说，“今天遇到的很多事情都可以在历史上找到影子，历史上发生过的很多事情也都可以作为今天的镜鉴。中国的今天是从中国的昨天和前天发展而来的。”[①]所以理解中国特色社会主义新时代应该从历史的角度出发。对此，习近平有着深刻论述：“中国特色社会主义不是从天上掉下来的，而是在改革开放40年的伟大实践中得来的，是在中华人民共和国成立近70年的持续探索中得来的，是在我们党领导人民进行伟大社会革命97年的实践中得来的，是在近代以来中华民族由衰到盛170多年的历史进程中得来的，是对中华文明5000多年的传承发展中得来的，是党和人民历经千辛万苦、付出各种代价取得的宝贵成果。得到这个成果极不容易”。[②]显然，从历史角度分析“新时代”有五个层面的含义：

1.改革开放达到了新高度。改革开放以来，在“一个中心，两个基本点”这一基本路线指引下，社会主义市场经济蓬勃发展，到2018年GDP总量达900309亿元人民币，2019年人均GDP突破1万美元。民主法治建设迈出重大步伐，科学立法、严格执法、公正司法、全民守法深入推进，法治国家、法治政府、法治社会建设相互促进，中国特色社会主义法治体系日益完善，全社会法治观念明显增强，全面从严治党取得显著成效。思想文化建设取得重大进展，党的理论创新全面推进，马克思主义在意识形态领域的指导地位更加鲜明，中国特色社会主义和中国梦深入人心，社会主义核心价值观和中华优秀传统文化广泛弘扬，公共文化服务水平不断提高，文艺创作持续繁荣，文化事业和文化产业蓬勃发展，科技突飞猛进，人民群众的思想道德水平日益提高。社会和谐，人民生活水平基本达到小康水平；生态文明建设有效推进，能源资源消耗大幅下降，重大生态文明工程取得显著成效，环境保护和修复工程进展顺利，森林覆盖率持续提高，环境状况得到改善。另外，40多年改革开放使我国的军事建设、外交和港澳

①习近平.牢记历史经验历史教训历史警示 为国家治理能力现代化提供有益借鉴[N].人民日报，2014-10-14(01).

②习近平.以时不我待 只争朝夕的精神投入工作 开创新时代中国特色社会主义事业新局面[N].人民日报，2018-01-06(01).

台工作都开创了新局面。总之，经过改革开放40余年的发展，我国在经济、政治、文化、社会、生态、内政外交、治党治军等各方面，都取得了巨大成就，标志着中国特色社会主义事业进入了新的发展阶段。

2. 中华人民共和国成立后持续探索进入了新阶段。1949年中华人民共和国成立之后，彻底废除了帝国主义强加给中国的一切不平等条约，从根本上清除了帝国主义在华势力，实现了民族彻底独立。通过土地改革从根本上拔掉了封建主义的根基，中国人民实现了从封建专制政治向人民民主的伟大飞跃。1953年起，用了约四年时间进行了社会主义改造，建立了社会主义经济制度。至此，社会主义制度在中国得以全面确立。之后，以毛泽东为代表的中国共产党人，对社会主义建设理论进行了全面探索，为改革开放后的中国特色社会主义发展准备了理论基础。两个阶段相辅相成，推动着中国特色社会主义事业走向新阶段。习近平指出，“我们党领导人民进行社会主义建设，有改革开放前和改革开放后两个历史时期，这是两个相互联系又有重大区别的时期，但本质上都是我们党领导人民进行社会主义建设的实践探索。”①

3. 中国共产党领导人民进行伟大社会革命的实践进入了新境界。中国共产党自成立以来，就以民族复兴为已任。她带领中国人民经过28年的流血牺牲、顽强拼搏，取得了新民主主义革命的伟大胜利，推翻了帝国主义、封建主义和官僚资本主义的统治，实现了民族完全独立、国家统一和人民解放，在中华民族伟大复兴的道路上迈出了坚实一步。执政后，中国共产党不惧艰险、积极探索，开辟了中国特色社会主义道路。中国逐步摆脱了一穷二白的状态，实现了从站起来、富起来到强起来的历史性跨越，使中华民族复兴大业进入了新阶段。

4. 中华民族多年来奋力抗争和辛勤耕耘呈现出新局面。1840年鸦片战

---

①习近平. 毫不动摇坚持和发展中国特色社会主义 在实践中不断有所发现有所创造有所前进[N]. 人民日报，2013-01-06(01).

争之后，中国逐步沦为半殖民地半封建社会，国土被侵占、主权丧失，国家分裂、民不聊生，中华民族陷入灾难的泥沼。但与此同时，中华民族不断抗争，为实现民族复兴而不惜抛头颅洒热血，终于在1949年建立了新中国，实现了国家完全独立和人民解放。之后，经过70多年的辛勤耕耘，一穷二白的中国变成了初步繁荣富强的中国。如今的中国比历史上任何时期都更接近中华民族伟大复兴的目标，标志着中华民族的奋斗进入了新的历史阶段。

5. 中华文明传承达到了新状态。中华民族是世界上唯一一个延续几千年历史从没有中断过发展的民族。在五千多年的历史长河中，孕育形成了独具特色的中华文化。这种文化造就了中华民族的精神气质和民族特性。凭着这种民族精神和特性，中华民族渡过了一个又一个艰难险阻，开拓着发展新境界。即使到了近代，由于中华民族陷入灾难之中，一些人认为中华文化属于农耕文明，不适应现代化的工业文明，许多人把救国救民的希望寄托于西方文化。然而历史呈现的事实是，引导中国人民走出黑暗时代的不是西方文化，而是中华优秀文化，是中华优秀文化凝聚了中国人民的磅礴之力，塑造了中华民族的不屈秉性，最终在中国共产党的领导下抗击了日本帝国主义侵略，结束了内乱不已的局面，建立了新中国。在社会主义建设过程中，中国共产党把马克思主义与中国国情相结合，从更深层次说就是与中华优秀文化相结合，不断实现马克思主义中国化，成为中国人民克服一切困难的精神力量，推动中国特色社会主义走向新时代。正如习近平总书记所说："在几千年的历史流变中，中华民族从来不是一帆风顺的，遇到了无数艰难困苦，但我们都挺过来、走过来了，其中一个很重要的原因就是世世代代的中华儿女培育和发展了独具特色、博大精深的中华文化，为中华民族克服困难、生生不息提供了强大精神支撑。"①

①中共中央文献研究室. 十八大以来重要文献选编（中）[M]. 北京：中央文献出版社，2016：119.

（二）“新时代”显示出我国社会主要矛盾有了新变化

党的十九大报告指出：“中国特色社会主义进入新时代，我国社会主要矛盾已经转化为人民日益增长的美好生活需要和不平衡不充分的发展之间的矛盾。”社会主要矛盾决定党和国家主要任务，例如在新民主主义革命时期，我国社会主要矛盾是帝国主义与中华民族间的矛盾，封建主义与人民大众间的矛盾，因此中国人民的主要任务是推翻帝国主义、封建主义和官僚资本主义的统治，实现国家独立和人民解放。而社会主义改造完成后，面对一穷二白的中国，社会主要矛盾是人民日益增长的物质文化需要同落后的社会生产之间的矛盾，由此决定社会主义主要任务就是解放和发展生产力，实现共同富裕。但中国特色社会主义发展到现在，国家已经走出物质匮乏的时代，生产资料和生活资源丰富，商品充足，文化繁荣，人民物质文化需要能够得到比较充分的满足，很多方面甚至已经呈现出供给大于需求的局面。同时中国科学技术日益发达，在许多方面处于世界领先的水平。所以人民生活的需要不再处于不能满足的状态，“落后的社会生产”与事实也不完全符合。

如今，中国人民对物质文化生活提出了更高要求，即人民衣食住行的质量和精神生活的层次要提高，同时在民主、法治、公平、正义、安全、环境等方面的需求日益增长。然而，目前我国经济、政治、文化、社会和生态建设与人民对美好生活的追求还有很大差距，从而成为新时代的主要社会矛盾。为解决此矛盾，需要中华民族勠力同心、锐意进取，坚持“创新、协调、绿色、开放、共享”的新发展理念，推进社会矛盾的解决。

（三）“新时代”标志着中国对世界贡献达到新高度

中华民族是一个曾经对世界作出过巨大贡献并受到历史尊重的伟大民族。中华人民共和国成立后，尤其是改革开放之后，中华民族在中国共产党的领导下成功地实现了从封闭半封闭到全方位开放的伟大转折，立足国情、放眼世界，坚持合作共赢、反对冷战思维，在对外开放中展现大国担当。正如习近平所说，“40年来，中国人民始终敞开胸襟、拥抱世界，积极作出了中国贡献。”“改革开放这场中国的第二次革命不仅深刻改变了中国，也深刻影响了世界！”①他还在多个场合的讲话中强调，中华民族有志为人类作出更大贡献。他指出：“我们还要同国际社会一道，推动实现持久和平、共同繁荣的世界梦，为人类和平与发展的崇高事业作出新的更大的贡献！”②“我们将始终不渝走和平发展道路，始终不渝奉行互利共赢的开放战略，不仅致力于中国自身发展，也强调对世界的责任和贡献；不仅造福中国人民，而且造福世界人民。实现中国梦给世界带来的是和平，不是动荡；是机遇，不是威胁。”③

综上所述，中国特色社会主义进入新时代，意味着近代以来久经磨难的中华民族迎来了从站起来、富起来到强起来的伟大飞跃，迎来了实现中华民族伟大复兴的光明前景，意味着科学社会主义在21世纪的中国焕发出强大生机活力，在世界上高高举起了中国特色社会主义伟大旗帜，意味着中国特色社会主义道路、理论、制度、文化不断发展，拓展了发展中国家走向现代化的途径，给世界上那些既希望加快发展又希望保持自身独立性的国家和民族提供了全新选择，为解决人类问题贡献了中国智慧和中国方案。这个新时代，是承前启后、继往开来、在新的历史条件下继续夺取中国特色社会主义伟大胜利的时代，是决胜全面建成小康社会、进而全面建设社会主义现代化强国的时代，是全国各族人民团结奋斗、不断创造美好生活、逐步实现全体人民共同富裕的时代，是全体中华儿女勠力同心、奋

---

①习近平.开放共创繁荣 创新引领未来——在博鳌亚洲论坛2018年年会开幕式上的主旨演讲[N].人民日报，2018-04-11(03).

②习近平.永远做可靠朋友和真诚伙伴——习近平在坦桑尼亚尼雷尔国际会议中心的演讲[N].人民日报，2013-03-26(02).

③习近平.习近平关于实现中华民族伟大复兴的中国梦论述摘编[M].北京：中央文献出版社，2013:70.

力实现中华民族伟大复兴中国梦的时代，是我国日益走近世界舞台中央、不断为人类作出更大贡献的时代。

二、中国特色社会主义

只有社会主义才能救中国，只有社会主义才能发展中国。而中国的社会主义不是马克思所设想的以高度发达资本主义为基础的社会主义，是没有经过市场经济充分发展的社会主义。在实践上，中国的社会主义分改革开放之前和之后两个历史时期，前一历史时期主要是模仿苏联模式，其特点是经济上全面公有制、计划经济，排斥了市场机制的作用，整个社会没有市场经济和资本存在余地，终止了商品生产，不存在商品货币关系。虽然以毛泽东为代表的中国共产党人根据我国国情，对社会主义建设进行了艰辛探索，并取得了一系列成功的理论成果和经验总结，但在实践中并没有真正贯彻下去，所以社会主义建设在取得巨大成就的同时，也出现了许多曲折和失误。但改革开放前中国社会主义建设取得的思想、实践和制度成就，为改革开放后党探索中国特色社会主义道路提供了宝贵经验、理论准备和物质基础。

改革开放之后的历史时期，是中国特色社会主义建设时期。中国特色社会主义是社会主义，不是其他什么主义，要坚持科学社会主义基本原则。同时，中国特色社会主义又与苏联模式或马克思恩格斯所设想的社会主义有很大不同，最大特点就是充分发挥市场机制的作用。所以中国特色社会主义就是在中国共产党领导下，立足基本国情，以经济建设为中心，坚持四项基本原则，坚持改革开放，解放和发展社会生产力，建设中国特色社会主义市场经济、社会主义民主政治、社会主义先进文化、社会主义和谐社会、社会主义生态文明，促进人的全面发展，逐步实现全体人民共同富裕，实现中华民族伟大复兴。

第一，中国共产党领导是中国特色社会主义最本质特征。党政军民学，东西南北中，党是领导一切的。那么，为什么要坚持中国共产党的领导呢？中国共产党的领导是党的性质和宗旨决定的。为人民服务是党的宗旨，她大公无私，以人民利益为宗旨，能够协调全国各个民族、各个阶层、各个团体的利益，凝聚各方力量，维护国家的团结和统一。

中国共产党的领导是历史和人民的选择。中国的历史表明，许多革命先驱，许多政党和政治派别，都没有找到国家振兴和民族解放的出路。只有中国共产党，才指引中国人民找到了国家和民族振兴的正确道路，并且形成强大的凝聚力。她团结和领导全国人民经过28年艰苦卓绝的斗争，建立了中华人民共和国，取得了新民主主义革命的胜利。

中国共产党的领导是社会主义现代化建设取得胜利的根本保证。党的领导才能始终保证社会主义现代化建设的正确方向。邓小平曾明确指出："我们搞四个现代化，是搞社会主义的四个现代化，不是搞别的现代化""如果我们的政策导致两极分化，我们就失败了；如果产生了什么新的资产阶级，那我们就真是走了邪路了。"①党的领导能更有效地动员和组织广大群众投身到改革和现代化建设事业中来，不断取得新的胜利。党的领导能保持安定团结的政治局面。

第二，立足基本国情。中国的最基本国情是我国仍处在并将长期处于社会主义初级阶段。党的十九大报告指出，经过长期努力，中国特色社会主义进入了新时代，中国社会主要矛盾已经转化为人民日益增长的美好生活需要和不平衡不充分的发展之间的矛盾。但我国社会主要矛盾的变化，没有改变我们对我国社会主义所处历史阶段的判断，我国仍处于并将长期处于社会主义初级阶段的基本国情没有变，我国是世界最大发展中国家的国际地位没有变。这个基本国情意味着我国社会生产力水平比较低，科学

①邓小平文选：第3卷[M].北京：人民出版社，1993：110，111.

技术水平和国民素质还不够高，社会主义民主法治还不完善，文化和生态文明建设还比较落后等。中国特色社会主义建设必须从这样的国情出发，而不能超越这个国情。

第三，以经济建设为中心。以经济建设为中心是指要把经济建设作为经济社会发展的主线，除非发生重大国家变乱或战争，否则，都要集中力量一心一意地发展生产力。这是解决我国面临的各种矛盾和问题的物质和技术基础，是实现人民共同富裕的需要，是体现社会主义优越性、增强社会主义制度吸引力的要求。改革开放40余年的实践证明，坚持以经济建设为中心是兴国之要。正如习近平在庆祝改革开放40周年大会上总结的那样："40年来，我们始终坚持以经济建设为中心，不断解放和发展社会生产力，我国国内生产总值由3679亿元增长到2017年的82.7万亿元，年均实际增长9.5%，远高于同期世界经济2.9%左右的年均增速。我国国内生产总值占世界生产总值的比重由改革开放之初的1.8%上升到15.2%，多年来对世界经济增长贡献率超过30%。我国货物进出口总额从206亿美元增长到超过4万亿美元，累计使用外商直接投资超过2万亿美元，对外投资总额达到1.9万亿美元。我国主要农产品产量跃居世界前列，建立了全世界最完整的现代工业体系，科技创新和重大工程捷报频传。我国基础设施建设成就显著，信息畅通，公路成网，铁路密布，高坝矗立，西气东输，南水北调，高铁飞驰，巨轮远航，飞机翱翔，天堑变通途。现在，我国是世界第二大经济体、制造业第一大国、货物贸易第一大国、商品消费第二大国、外资流入第二大国，我国外汇储备连续多年位居世界第一，中国人民在富起来、强起来的征程上迈出了决定性的步伐！"

第四，坚持四项基本原则。坚持四项基本原则即坚持社会主义道路，坚持人民民主专政，坚持中国共产党的领导，坚持马克思列宁主义毛泽东思想。四项基本原则，"是实现四个现代化的根本前提"[①]。"如果动摇了这

①邓小平文选：第2卷[M].人民出版社，1994：164.

四项基本原则中的任何一项，那就动摇了整个社会主义事业，整个现代化建设事业”①。实际上，国际反华势力最反对的就是中国实行四项基本原则，尽管他们所炮制的反对理由五花八门，甚至被贴上“人权”“自由”“民主”等“美丽”的标签，但最终都指向“四项基本原则”。实质上，国际反华势力真正目标是让中国虚弱下去，如同近代中国那样任其宰割，但四项基本原则恰恰是中国的立国之本、强大之基。

第五，建设中国特色社会主义市场经济。中国特色社会主义也发展市场经济，这个市场经济具有市场经济的一般特征：企业行为自主化、经济关系市场化、宏观调控间接化、经济行为法治化。同时它又具有社会主义特征：在所有制结构上，以公有制为主体、多种所有制经济共同发展，在公有制为主体的前提下，公有制企业与其他企业在市场经济中平等竞争、共同发展，国有经济在国民经济中发挥主导作用；在分配制度上，以按劳分配为主体、多种分配方式并存，既鼓励先进，促进效率，合理拉开收入差距，又防止两极分化，注重社会公平，逐步实现共同富裕；在宏观调控上，以实现最广大劳动人民利益为出发点和归宿，社会主义国家能够把人民的当前利益与长远利益、局部利益与整体利益结合起来，使市场在社会主义国家宏观调控下对资源配置起基础性作用，更好地发挥计划和市场两种手段的长处，使社会主义的优势与市场经济的优势都能够得到充分发挥。所以我国的市场经济与资本主义社会的市场经济有着极大区别。

第六，中国特色社会主义民主政治。民主的核心要素是“多数人统治”，但它的实现形式是多种多样的。我国实行的是社会主义民主即人民民主，与资本主义社会的多党制、竞选制的民主不同。它要求实现党的领导、人民当家作主和依法治国相统一，以协商民主为主要形式。实现民主的主要制度包括：人民代表大会制度、共产党领导的多党合作政治协商制度、民族区域自治制度、基层群众自治制度等，其中最根本的是人民代表大会

①邓小平文选：第2卷[M].人民出版社，1994：173.

制度，民主的运行原则为民主集中制。作为新时代大学生，要分清人民民主与西方民主的本质区别，防止反华势力以“民主”为幌子攻击我国的基本制度。

第七，中国特色社会主义先进文化。中国特色社会主义先进文化源自中华民族五千多年文明历史所孕育的中华优秀传统文化，熔铸于党领导人民在革命、建设、改革中创造的革命文化和社会主义先进文化，植根于中国特色社会主义伟大实践。它是以马克思主义为指导，坚守中华文化立场，立足当代中国现实，结合当今时代条件，发展面向现代化、面向世界、面向未来的，民族的科学的大众的社会主义文化。它要求牢固树立共产主义远大理想和中国特色社会主义共同理想，培育和践行社会主义核心价值观，不断增强意识形态领域主导权和话语权，坚持为人民服务、为社会主义服务的原则进行道德建设，坚持百花齐放、百家争鸣，坚持创造性转化、创新性发展，实现文化产品的繁荣。

第八，中国特色社会主义和谐社会。和谐社会以民主法治、公平正义、诚信友爱、充满活力、安定有序、人与自然和谐相处的社会为目标。为此，要加强社会治理制度建设，完善党的领导、政府负责、社会协同、公众参与、法治保障的社会治理体制；健全公共安全体系；加快社会治安防控体系建设；加强社会心理服务体系建设；加强社区治理体系建设。

第九，社会主义生态文明。生态文明建设要求提供更多优质生态产品以满足人民日益增长的优美生态环境需要。为此，必须坚持节约优先、保护优先、自然恢复为主的方针，形成节约资源和保护环境的空间格局、产业结构、生产方式、生活方式，还自然以宁静、和谐、美丽；加快建立绿色生产和消费的法律制度和政策导向；建立健全绿色低碳循环发展的经济体系；着力构建解决突出环境问题，加大生态系统保护力度，改革生态环境监管体制。

三、新时代中华民族的历史使命

使命是历史的产物，不同的历史时代孕育着不同的历史使命，所以一代人有一代人的历史使命。近代以来随着中国沦为半殖民地半封建社会的境地，中华民族就把实现中华民族伟大复兴的中国梦作为自己的历史使命，只不过这个历史使命在不同的历史时期有不同的要求和任务。革命时期，为了中华民族的复兴，中国人民要推翻帝国主义、封建主义和官僚资本主义的统治，实现国家统一、民族独立和人民解放。以毛泽东为代表的中国共产党人积极投身革命的洪流中，就是勇于肩负历史使命的体现。而新时期，全国各族人民要在中国共产党的领导下，勠力同心，奋发图强，建设中国特色社会主义经济政治文化社会和生态，到本世纪中叶全面建成社会主义现代化强国，就是在履行实现民族复兴的历史使命。

目前，我国经济总量按照美元计算已经是世界第二，而按照产品的实际产量计算，早已是世界第一制造业大国。据统计，世界500种主要工业品中，中国有220多种产品产量居全球第一，其中钢铁产量约占世界钢铁总产量的50%。进入新时代，我国经济发展不宜再依靠拼资源、拼消耗的粗放型发展模式，必须走依靠科技进步的内涵式发展之路。而西方发达国家，尤其是美国，为了维护其长期以来的优势地位和霸权地位，也在不断加大对中国科技封锁和打压的力度。特朗普政府不顾法律和道义，对以华为为代表的中国高科技企业的打压，就是例证。同时，随着中国在经济上的崛起，中国的文化、制度和发展道路与理论，在世界上得到越来越多的其他国家人民的认可，这同样为以美国为首的西方发达国家所不能容忍，因为他们认为中国的崛起威胁了“西方中心”地位。因此，美国等西方发达国家不遗余力地对我国的发展进行打压，这更凸显了我国振兴科技、依靠科技进步推动中国特色社会主义事业发展的迫切性。

新时代大学生是民族复兴伟大进程的见证者和参与者，也是社会主义事业的生力军，更是科技振兴的主力军。所以每一个大学生都要有强烈的使命感，以科技振兴为己任，树立崇高的理想信念；要有本领不够、才干不足的紧迫感，自觉加强学习、勤奋探索，在社会实践中全面发展；要有天下兴亡、匹夫有责的担当精神，讲求奉献，实干进取；要自觉树立国家意识、民族意识、责任意识，把个人前途命运与国家、民族的前途命运紧紧地联系在一起，在尽责集体、服务社会、贡献国家中实现人生理想和人生价值；要提升思想道德素质与法治素养，以自己的优良人文素养引领社会风气，为增进社会文明做出贡献。

四、人　才

总的来说大学生的目的明确，就是想学到知识，成为社会所需要的人才。那么，什么是人才呢？关于这个概念，有多种说法。马克思恩格斯从历史唯物主义出发，不把人分成三六九等，认为人才只是实现了人的理性自觉的一般人，不是脱离了一般的人。换言之，根据马克思恩格斯的人才观，一切对社会有贡献的人、对社会有益的人都是人才。但事实上，人们谈起“人才”时，总是自觉或不自觉地强调其杰出性和创造性。在英语里，表示“人才”的词有talent、genius，按照《牛津高阶英汉双解词典》的解释，其意为“天才”“有才能的人”，主要是指人的天赋与才能。我国人才学大家王通讯在他的《宏观人才学》中也指出：“人才的本质是创造性、进步性与社会性的统一。”[①]后来他进一步强调人才的最根本属性只有一个，

①王通讯.宏观人才学[M].北京：人民出版社，1987：6.

即“杰出性（或超常性）”。[①]而更多的人认为德才兼备是人才的本质属性。司马光在《资治通鉴》写道：“才者，德之资也；德者，才之帅也。”列宁更是反复强调人才不仅要有丰富的文化知识、实践经验和独立的工作能力，还要有对社会主义事业的忠诚心。毛泽东、邓小平、江泽民、胡锦涛、习近平等党和国家领导人，都强调人才应该德才兼备，其中德还包括政治素质，如全心全意为人民服务、服从大局、能够推动社会进步等。

显然，所谓的人才并不仅仅是指有知识、有能力的人，更要有道德、法律、政治和其他人文素质。正所谓德是人才素质的灵魂，智是人才素质的基本内容，体是人才素质的基础，美是人才素质的综合体现。所以大学生不仅要努力学习专业知识，更要加强自身道德、法律修养，提升自身的人文素质，这样才能让自己的知识技能服务于国家和社会进步，才能成为真正的“人才”。

“思想道德与法治”课程，是一门融思想性、政治性、科学性、理论性、实践性于一体的思想政治理论课，是对大学生进行思想政治教育的主渠道课程。它以大学生所面临和关心的实际问题为出发点，以道德教育和法制教育为主体，以社会主义核心价值观教育为主线，以理想信念教育为核心，以爱国主义教育为重点，理论联系实际，帮助大学生树立正确的世界观、人生观和价值观，提高自身道德修养和法律素质，牢固树立社会主义荣辱观，以便逐渐成长为德智体美劳全面发展的社会主义事业的合格建设者和可靠接班人。因此，该课程是大学生成长成才的一门基础性课程。

---

①王通讯.人才学新论[M].北京：蓝天出版社，2005:45.

第一章
领悟人生真谛　把握人生方向

本章节的教学目的是帮助大学生学习和理解人生观和价值观理论知识，掌握运用马克思主义分析和理解人生问题的理论观点和基本立场，引导大学生树立科学而高尚的世界观、人生观和价值观，为正确而科学地解决人生中遇到的各种理论和实践问题提供方法论指导。因此，本章节的教学关键词有人的本质、人生观、树立正确的人生观、人生价值评价、幸福观、得失观、苦乐观、顺逆观、生死观、荣辱观。

一、人的本质

回答人的本质就是要回答人是什么？关于这个问题，古今中外争论不休。概括起来人们对其理解的角度有以下几方面：

一是从人的外表概括人的本质。据传说古希腊哲学家柏拉图就持这样的观点，认为“人是长着两条腿的没有羽毛的动物”。

二是从人的内在特性去理解人的本质。西方哲学家苏格拉底把正义、豪爽、节制、勇敢等作为人的本质属性。亚里士多德说："人们在好几种意义上，把一件东西说成是第一的：但是实体在任何意义上——（1）在定义上，（2）在认识的程序上，（3）在时间上——都是第一的。"①人的特性非常复杂，所以可从对人的不同方面做不同界定，亚里士多德就说过："能够学习语法，乃是人的一个特性。"②"人是天生的政治动物"，"人是社会动物"，人有"求知""理性""美德"等特性。康德把人的本质解释为道德自由、意志自由与意志自律。"意志自律"就是按照自己的想法、要求去为自己的行为规定规范、法则。黑格尔认为人的本质是纯粹的抽象的东西，即理念、精神等。在黑格尔看来，人有思想、有理性，能认识自己，按照自己的理性来行动。他反对把人的本质看成是感性的东西。黑格尔和康德一样，把人的本质归结于某种精神的东西，所不一样的是黑格尔不仅看到了人的主体能动性，还看到了人的理性的客观性。费尔巴哈认为，"理性"是人的本质，并且认为"利己""爱"等都是"理性"的体现。

三是从人的起源说明人的本质。我国古人就有人与万物"混生""具生"说、"阴阳相成"说等。圣·奥古斯丁等从上帝造人角度出发，认为人的本质是上帝的意志。达尔文认为人是从古猿这种动物进化而来的，所以人与动物的本质一样，就是具有生存的本能。

四是从规范角度理解人的本质。这是指从道德、伦理、宗教信仰等方面定义人的本质，孔子把仁、孝等道德规范看作是人的本质，孟子把仁、义、礼、智作为人的本性上的东西，托马斯·阿奎那、圣·奥古斯丁等把宗教信仰作为人与动物之间的根本区别。

五是从遗传性定义人的本质。在这种观点看来，人的本质规定性都是一代一代遗传下来的，甚至包括人的社会地位、特定职业、等级、能力、行为等，都是家族积累和遗传的结果。换言之，这种定义注重人的生物属

①北京大学哲学系外国哲学史教研室.古希腊罗马哲学[M].北京：商务印书馆，1961：262-263.

②北京大学哲学系外国哲学史教研室.古希腊罗马哲学[M].北京：商务印书馆，1961：296.

性和社会属性的遗传来源。例如，古代帝王常常把自己的权力、地位、个性等说成是天生的。

六是从结构功能角度解释人的本质。这种观点从人的结构性变化及其适应环境的过程来说明人的本质。例如美国社会生物学家威尔逊在《新的综合》一书中，从个体、群落、基因群、基因库等结构性变化说明人性、人的行为本质。在中国有些学者也从诸如认知结构、意志结构、情感结构等人的主体结构，分析人的心理机制和社会环境相互作用的功能过程，说明人的意识发展及人的本质，从而推导出意识是人的本质这样的结论。

显然，上述关于人的本质的定义，要么是从人的个体身上找答案，要么是从虚无的神等方面找答案，并没有从人的社会性去分析，所以难以真正回答人的本质。而马克思从劳动实践出发，在社会关系中理解人的本质，深刻地指出："人的本质不是单个人所固有的抽象物，在其现实性上，它是一切社会关系的总和。"[①]上述定义可以做如下通俗解释："不是单个人所固有的抽象物"是指人的本质不是对人的个体特性的概括，不是抽象的理性、意识等；"在其现实性上"是指在"此岸"，即人的本质不能到虚无缥缈的"彼岸"去寻找；"一切社会关系的总和"是指人总是社会关系中的人，离开了社会关系，如家庭关系、地缘关系、业缘关系、经济关系、政治关系、法律关系、道德关系等，就不存在人。

马克思从劳动入手分析人的本质。他认为劳动是人的自由自觉和创造性的实践活动，劳动形成了人类社会：劳动让猿猴有了四肢的分化、形成了人脑、产生人类语言，最终脱离了动物界而成为人类。其次，劳动过程中必然结成各种社会关系，最基本的是经济关系，从而构成人类社会。抽掉人身上的所有社会关系，人就变成了无法理解、无法认识的东西。马克思还认为人的本质是具体的、历史的，因为人的劳动实践活动是一个历史的发展的变化的过程，与之相适应的人的社会关系也是一个发展变化的过

①马克思恩格斯文集：第1卷[M].北京：人民出版社，2009：501.

程，一定历史时期的处于不同关系的人的本质也必然是具体的、历史的。

马克思的人的本质论说明，任何个人都处于纵横的社会关系中，都不能离开社会而单独生活，都不完全属于他一个人。换言之，一个人既属于自己，又属于其父母兄弟姐妹、亲朋同事、社会和他所在的那个民族、国家，同时也需要从他人和社会那里获得生存发展的条件。由此就得出个人与社会的辩证关系，即一方面，个人离不开社会，人是社会人，每个人都存在和活动于具体的、基于历史的现实的社会当中，社会是人的存在形式，人的社会性决定了人只有在推动社会进步的过程中，才能实现自我发展。另一方面，社会也离不开个人，社会是由一个个具体的人组成的，离开了个人就没有社会，这意味着个人合理的利益应当得到保障。就个人与社会的关系来说，最根本的是个人利益与社会利益的关系。社会利益是个人利益的集中体现，但不是个人利益的简单相加，而是所有人利益的有机统一，是社会全体成员带有根本性、全局性、长远性需要的体现，是个人利益得以实现的前提和基础。个人利益的实现只能在一定社会条件下、通过一定社会方式来实现。

二、人生观

人生观就是人们关于人生目的、人生态度、人生价值等问题的总观点和总看法，即人生观回答的是人为什么活着、怎么活着以及人活着的意义是什么等问题。这三个方面相互联系、相辅相成，统一为一个有机整体。

（一）人生目的

一个思维正常的人，每天都在从事着各种有目的的活动。而在这些具体的有目的的活动背后，存在一个与一定人生观相联系并支配一生的总的根本性目的，这就是人生目的。它是指生活在一定历史条件下的人，在人生实践中关于自身行为的根本指向和人生追求。显然，人生目的的形成首先需要“一定的历史条件”，即一定社会的生产关系、物质生产、生活方式、道德和法律规范、文化意识等，也就是说人生目的不是凭空任意设计的，也不是白日梦似的空想，一定的历史条件是人生目的产生的客观基础。人生目的的形成又是在“人生实践”中形成的，即是在每一个人的学习、工作、生活中根据自己的条件所形成的，这是人生目的形成的现实基础。

人生目的回答的是“人活着究竟是为什么”这个问题，历史上比较有代表性的观点有以下几种：

一是人活着“就是为了活着”。这种观点认为人活着就是“为了吃饭”“为了让生命延续下去”。但这种观点实际上把人的生命意义降低到一般动物级别，因为一般动物出于本能活着同样是为了生命延续。莎士比亚说：“一个人在他的生命盛年，只知道吃吃睡睡，他还算什么东西，简直不过是一头牲畜。”这句话虽然难听、尖刻，但却道出了人生的真谛：人活着绝对不是仅仅为了生存，而是要活出人的意义、价值和尊严。

二是人活着“为了获得更多的金钱”。这种观点实际是“金钱至上”“拜金主义”观点的体现。它把获取金钱当作人生的根本愿望和目标，为获得金钱不惜丧失人格，沦为金钱这种人类创造物的奴隶。这种观点实质上来源于资产阶级意识形态，恩格斯对此有深刻的论述：“资产者为了多赚钱不惜采取任何手段，认为生活的目的就是装满自己的钱袋。”[①]恩格斯还说：“金钱确定人的价值：这个人值一万英镑，就是说他拥有这样一笔钱。谁有钱，谁就‘值得尊敬’就属于‘上等人’，就有‘势力’，而且在那个圈子里在各方面都是领头的。”[②]马克思也说：“资本家只是作为资本的人格化才

①马克思恩格斯全集：第2卷[M].北京：人民出版社，1957：411.

②马克思恩格斯全集：第2卷[M].北京：人民出版社，1957：566.

受到尊敬。”[①]在资本主义社会，确实是金钱至上，“有钱能使鬼推磨。”在资本家看来有了钱，就有荣誉，有地位，有一切。所以，一切靠钱来衡量，一切靠钱来推动，人与人的关系就是赤裸裸的金钱关系。

三是人活着“为了获得权力”。这是一种“权力至上”的人生目的论，认为“权力高于一切”，人生奋斗的唯一目标是想尽一切办法获取权力。元朝有位将军严忠济公开宣称：“宁可少活十年，休得一日无权。”尼采说：“生物所追求在于摄取权力，权力是生命意志的最高目标、最高价值和最高体现，是一切存在的基原和动力。”在尼采看来人的一切都是权力意志的表现，拥有这种观点的人把权力崇拜推到极致，所以他一旦掌握权力就目空一切、为所欲为、滥用权力，最终会堕落为贪官污吏。

四是人活着“为了享乐”。我国魏晋时代流传的《列子·杨朱篇》中说：“人之生也奚为哉？奚乐哉？为美厚尔，为声色尔”。也就是说，人生在世就是为了吃喝玩乐，享受口腹耳目之乐。元代词人刘因也说：“人生行乐也，今古皆如是”。19世纪英国功利主义者边沁把追求个人享乐说成是人生的唯一目的，认为人生就是彻底的享乐，而且不能为别人牺牲自己的享乐。这种观点把“趋乐避苦”作为人的天性，实质上把人降低到动物的水平，因为动物同样具有“趋乐避苦”的特性。而且，把享乐视为人生最根本的愿望和目标，必然导致纵欲主义。

人生目的在人生实践中有重要作用：一是人生目的决定人生道路，对人们所从事的具体活动起着定向的作用。二是人生目的决定人生态度，正确的人生目的可以使人无所畏惧、顽强拼搏、积极进取、乐观向上。错误的人生目的则会使人或是投机钻营、违法犯罪，或是虚度人生、放纵人生，或是悲观消沉、厌世轻生。前文所述的人生目的都是错误的人生目的，必然让人走向歧途。因此，大学生要自觉加强马克思主义理论修养，确立正确的人生目的，以实现自己的人生价值，成就精彩人生。

---

①马克思恩格斯全集：第23卷[M].北京：人民出版社，1972：649.

（二）人生态度

人生态度是人生观的重要组成部分，是指人们通过生活实践形成的对人生问题的一种稳定的心理倾向和精神状态。人生目的决定人生态度，也就是说人生目的定下了，也就决定了他将如何对待生活，决定了他在实践中将以怎样的方式处理各种人生问题。人生态度可以从不同角度进行划分：从行为动力倾向性上分为积极型、消极型和逍遥型，从信心和情感表现上分为乐观型、悲观型和达观型，从动机倾向性上分为社会型、自私型和公私兼顾或合理利己型。新时代的大学生，应该确立积极乐观的人生态度，避免消极悲观的人生态度。所谓积极乐观的人生态度，就是以积极进取的态度看待和处理问题，从正面看待所遇到的挫折。概括起来，积极乐观的人生态度的根本特征至少表现在三个方面：一是在人生态度上，无论贫富、贵贱、宠辱，也不管遭受多少误解、委屈和冤枉，任何时候、任何情况下，都保持阳光心理，对前途充满希望和信心。二是在人生追求上，无论顺逆、成败、起落，任何时候、任何情况下，都能坚守初心、恒守志向。三是人生意志上，无论遭受多少挫折、磨难和艰难困苦，任何时候、任何情况下，都始终不气馁、不放弃。一般地，积极乐观的人生态度是实现人生价值的精神保障。例如，当学生遭遇考试失败时，积极乐观的人生态度意味着以后要更加努力、花更大的精力去学习，最终必然能够提高成绩。反之，如果人生态度消极悲观，就会自暴自弃，成绩只能越来越差。所以，大学生一定要以贡献社会为动机，以积极乐观的人生态度面对人生实践中的各种挫折和困苦。

（三）人生价值

人生价值是指人的生命及其实践活动对于社会和个人所具有的作用和意义，或者说是主体需要与客体功能属性之间的对应或契合关系。要理解人生价值首先就要理解“价值”的涵义。马克思主义哲学认为，价值是客体以自己的属性对主体需要的满足和意义。而客体的固有属性只是一种自在之物，它的客观存在与主体性无关，只有客体的固有属性与主体的需要、欲望、动机等发生关系后，客体对主体需要、欲望、动机的效用性才会产生，这时客体的固有属性就转化为关系属性，客体产生价值。①由此可见，价值关系的两端是客体和主体，单独的客体或主体都不能构成价值关系，必须由主体的需要将两者结合起来。例如一碗米饭作为客体，只有对于饥饿（有饮食需求）的人来说才有价值，同样一个主体（如一个人）只有有了御寒的需求，一件棉衣才有价值。人生价值就是人作为客体满足自己和他人、社会需要所具有的意义。在人生价值关系中，每个人既是客体又是主体：作为客体，要创造物质和精神财富，以满足自己、他人和社会的需求，一个人的各种本事、才能、素质是客体的属性，作为客体所具有的人生价值被称作社会价值。作为主体，要从他人和社会那里获得各种资源以满足自己的各种需求，作为主体所产生的人生价值就是自我价值。

显然，个体的人生实践不仅具有满足自我需要的价值属性，还必然地包含着满足社会需要的价值属性，所以人生价值由社会价值和自我价值组成，两者相互区别又相互依存、相互转化。一方面，社会价值是一个人的人生实践对他人和社会需要的满足，即个人对他人和社会的贡献，而自我价值是个人各种需要的满足，即个人从他人和社会那里取得的资源，所以两种价值区别清晰，截然不同。另一方面，两种价值又密切联系、相互依存、相互转化，一个人只有对他人和社会做出了贡献，即有了社会价值，才能从他人和社会那里取得满足自我需求的资源，即才能实现自我价值。反之，自我价值得到充分满足，就会激发个体努力为他人和社会做更大贡献，社会价值也随之更充分实现。因此，社会价值和自我价值之间的关系是辩证统一的。一般地，社会价值和自我价值之间的辩证关系具有正比例

①王海明，孙英.几个价值难题之我见[J].哲学研究，1992(10)：37-41.

性，即社会价值越大自我价值也随之增大，社会价值小自我价值也相应减小。例如，一个人对他人和社会贡献越大，他从他人和社会那里得到的资源必然增多，自我价值必然能更好地得以满足。以袁隆平为例，他被称为“杂交稻之父”，所培育的杂交稻为中国、为世界增产了数不清的粮食，解除了成千上万人的饥饿，所以他对社会的贡献巨大，即社会价值非常大。而另一方面，袁隆平个人的各种需求也得到了充分满足：拥有崇高荣誉、享有广泛的社会尊敬等，即其自我价值也是巨大的。然而，在特殊情况下，社会价值和自我价值之间的正比例性也会遭到破坏，例如一些纨绔子弟、“啃老族”等，一味追求自我享乐，其个人需求得到较好满足，即自我价值较大，但对他人和社会贡献极小，甚至是负面的，即社会价值很小。而诸如“感动中国十大人物”之一的郭明义、太行山上的新愚公李保国等道德高尚的人，总是尽力为他人和社会服务，甚至捐出自己的钱财帮助他人，社会贡献很大，而他们自己的生活则非常简朴，换言之这些先进人物的社会价值很大，但自我价值较小。综上所述，正常情况下一个人的社会价值和自我价值是正比例关系，应该同时增大或变小，大多数人的人生价值状况都是如此。但如果一个人社会价值小而自我价值大，则其人生令人鄙视；社会价值大而自我价值小，则其人生更加令人敬仰。

三、树立正确的人生观

人生观包括人生目的、人生态度和人生价值，所以正确的人生观意味着有科学高尚的人生目的、积极进取的人生态度和正确的人生价值。

（一）科学高尚的人生目的

科学高尚的人生目的总是与奋斗、奉献联系在一起，与国家前途、民族命运、人民幸福联系在一起。有这种人生目的的人能自觉自愿地把自己的一生奉献于利国利民的事业，把“服务人民、奉献社会”作为人生指导思想，是符合马克思主义的。

马克思主义认为人民群众是社会历史的主体，是社会物质财富和精神财富的创造者，是社会变革的决定力量，正如毛泽东所说，“人民，只有人民，才是创造世界历史的动力。”[①]“服务人民、奉献社会”指明了人在成长和发展过程中应确立的人生目标和方向。“服务人民、奉献社会”意味着把为国家和人民服务作为人生的最高追求，就可自觉把个人之小我融入社会之大我，不为狭隘私心所扰，不为浮华名利所累，不为低俗物欲所惑，由此激发出自己的奋斗精神，在坚持不懈的奋斗中创造巨大的人生价值。同时，如果一个人确立“服务人民、奉献社会”的人生目标，必然会使自己的奋斗有益于他人和社会，也会得到他人和社会的认可、尊敬和帮助，获得更多的发展机遇，成就精彩人生。

（二）积极进取的人生态度

没有积极进取的人生态度，再崇高的人生目的也难以真正实现。积极进取的人生态度意味着一个人在人生实践中，无论面对什么样的问题和困难，始终保持认真务实、乐观进取的精神状态。

人生须认真是指要以认真的态度对待人生，要严肃思考人的生命应有的意义，明确生活目标和肩负的责任，既要清醒地看待生活，又要积极认真地面对生活。大学生要清醒地认识到自己对亲人，对周围的人以及对民族、国家、社会的责任；要认真处理各种问题和困难，不能得过且过、放纵生活、游戏人生，要从认真学习开始，认真做好自己的每一件事。

人生当务实是指人生实践要从实际出发，以科学的态度看待人生，以务实的精神创造人生，要把远大的理想寓于具体的行动中，不能好高骛远、

①毛泽东选集：第3卷[M].北京：人民出版社，1991：1031.

空谈理想、眼高手低、浅尝辄止。为此，大学生要学习和掌握马克思主义哲学，用马克思主义的立场、观点和方法去研究客观事物，指导自己的人生实践和解决人生过程中的种种矛盾。要以实事求是的精神评估自己所处的客观现实，找出自己的努力方向，确定人生各个阶段的具体目标。要把个人的利益追求融入社会整体的利益实现中，在学习、就业、工作、恋爱、婚姻等各种人生活动中，把人生意愿、个人情况和社会实际结合起来，从小事做起，从身边的事做起，脚踏实地、一步一个脚印地实现人生目标。

人生应乐观是指要乐观豁达、热爱生活、对人生充满自信。这种态度是人们承受困难和挫折的心理基础。任何人的人生都会遇到各种矛盾和困难，大学生处于人生特定的成长阶段，面对学习、就业、恋爱、婚姻等各种实际问题，许多事情不会总是尽如人意，也可能令人失望，遇到一定的困难、挫折，如果一遇困难和挫折就消极悲观、畏难退缩，甚至颓废堕落、自暴自弃，必将一事无成。而以心胸豁达、乐观向上的人生态度面对各种各样的困难，就会不断调整心态、磨炼意志，就可不断突破人生旅途中的各种障碍，不断取得人生的成功。

人生要进取是指以开拓进取的态度迎接人生的各种挑战，才能不断领悟美好人生的真谛，体验生活的快乐和幸福。大学生要积极进取，意味着不能贪图安逸、满足现状、因循守旧、故步自封，否则人生就会失去应有的光彩，意味着要发扬自强不息、敢为人先、百折不挠、坚忍不拔的精神，始终保持蓬勃朝气、昂扬锐气，充分发挥创造力，在创新创造中不断书写人生的新篇章。

（三）正确的人生价值评价标准与方法

人是群居动物，即人不能单独生存，其生存和发展离不开社会，每一个人都存在和活动于具体的、基于特定历史的现实社会当中。而一个人要生活在一定社会中，就要为这个社会做出贡献，至少不能危害这个社会，否则他就不会被这个社会所容纳。因此，一个人要生活在一定社会中，必须以其人生活动创造社会价值，这样才有资格从社会获得资源满足自我生存发展的需要，即才能实现自我价值。换言之，一个人的人生价值要以社会价值为根本的评价尺度即评价标准，要看其人生实践活动是否符合社会发展的客观规律，是否促进了历史的进步，即是否有利于他人和社会。同时，还要采取正确的人生价值评价方法，即坚持能力有大小与贡献须尽力相统一、物质贡献与精神贡献相统一、完善自身与贡献社会相统一、动机与效果相统一。

四、人生价值评价

那么，如何评价一个人的人生价值呢？所谓的"人生价值评价"是指作为主体的个人、群体或社会依据一定的评价标准，对作为客体的个人、群体的价值所做出的评判和估价。正确地科学地评价人生，不仅有益于现实生活中的每一个人的健康成长，而且还可以促使社会和个人不断地创造和实现人的价值。[①]而评价人生价值就要掌握恰当的评价方法，不同的历史时期、不同阶级立场和价值观的人，有不同的人生价值评价方法。如中国儒家以仁义、孝忠等作为评价方法，资产阶级以赚到的金钱数量来评价人生价值，而享乐主义者则把个人的享受作为人生价值的评价方法。在社会主义的中国，评价人生价值则坚持四个统一，即坚持能力有大小与贡献须尽力相统一、物质贡献与精神贡献相统一、完善自身与贡献社会相统一、动机与效果相统一。

能力有大小与贡献须尽力相统一。提到人生价值，有些人会认为诸如

①王国银.人生价值的评价标准：兼谈墨子的人生价值评价观[J].山西高等学校社会科学学报，2001(4)：15-17.

比尔·盖茨、袁隆平、钱学森那样的人才有人生价值，只有赚大钱、当大官、有重大科技发明的人才能实现人生价值。其实人与人不同，每个人的出生背景不同，天赋和后天努力不同，能力不同，所从事的职业不同，所以每个人所创造的价值有大有小，对社会贡献的绝对量也不同。因此不能简单地认为能力大的人，实现了人生价值，而能力小的人，没有实现人生价值。考察一个人的人生价值，要把个人对社会的贡献同他的能力大小以及发挥自己能力所依赖的社会条件联系起来。评价人生价值应坚持能力有大小与贡献须尽力相统一。

在校大学生的主要任务是学习，但有些同学认为只要不挂科即可，实际上是不尽力的体现。所以大家应该问一下自己，自己在学习上是否尽力了，如果没有尽力，则人生价值的实现就要大打折扣。

物质贡献与精神贡献相统一。人的劳动是物质生产劳动和精神生产劳动的统一，而且两种生产劳动成果能够相互转化，社会的发展与进步也是物质文明和精神文明共同推进的。然而，物质贡献是有形的，容易被人看到，但是精神贡献是无形的，容易被人们忽视。尤其是在发展市场经济的今天，追求物质利益成了人们头脑中强烈的意识，精神贡献更容易被人们忽略，但精神贡献的巨大作用事实存在。例如，雷锋在他短暂的一生中，对社会所作出的物质贡献是有限的，但他给社会留下的“雷锋精神”，影响了几代人，是社会宝贵的精神财富，无法用物质财富来衡量。又如，比尔·盖茨创立了微软公司，为计算机行业作出了巨大贡献，同时还捐出数百亿美元给他的慈善基金会，体现了企业家的奉献精神和社会责任感。换言之，评价比尔·盖茨的人生价值不仅要考虑其创造的巨大物质财富，也要考虑其精神贡献。

完善自身与贡献社会相统一。个人与社会的关系是辩证的，个人离不开社会，而社会也是由个人组成的，所以评价人生价值不仅要看社会价值，即要看一个人对社会所作的贡献，同时也要看自我价值的实现。因为自我价值的满足是个人为社会创造价值的前提，人生自我价值的实现，有助于个体为社会创造更大价值。而且社会的有序发展是离不开个人的发展的。我们追求社会的发展，而社会发展的最终目的是为了个人能够得到更全面的发展。因此评价人生价值既要注重个人对社会的贡献，也不能否定我们从社会中得到自我的满足。

动机与效果相统一。动机指人的有意识的行为的目的，是指导人们行为的精神力量。而效果是人的行为给社会带来的客观结果。动机和效果是人行为的两个基本要素，也是对人行为评价的两个相辅相成的基本维度。一般来说，动机善，相应的效果也善；动机恶，效果也恶。但是，动机与效果并不总是一致的，在某些情况下，善的动机也可能产生恶的效果，恶的动机也可能产生善的效果。例如有些父母管教子女，动机显然是好的，但由于管教方法不当，会引起子女的逆反心理，甚至让子女走极端，出现人生悲剧。那么，能不能说父母的动机是好的，就认为这种管教有价值呢?当然不能这样认定。而有些科研人员做科学研究的时候动机也是好的，为国家的科学研究事业做贡献，但是付出了很多努力后依然没有取得成果，是不是就能否定他们的劳动价值呢？显然不能！相反，假设一家住户门窗紧闭，夜晚发生了煤气泄漏，并且这家人已经在熟睡中，而此时有个窃贼打开这家的房门想偷东西，无意中救了这家人的生命。这显然就是动机恶而效果好，但绝不能就此说明这个窃贼的偷窃行为有价值。由此可见，评价人们的人生实践活动的价值时，要把动机和效果联系起来综合评估。

五、幸福观

所谓的幸福观是指人们对幸福的根本看法和观点。古今中外人们的幸福观是多种多样的。我国儒家思想的幸福观是一种德性幸福观，孔子赞颜回称，“一箪食，一瓢饮，在陋巷，人不堪其忧，回也不改其乐。贤哉回也！”（《论语·雍也》）孔子赞美颜回“箪食瓢饮”之乐，实质上关系到君子正确对待欲与理、身与心关系的态度，关涉理想人格的形成，甚至关乎“道”的证成与理想社会的实现。这种幸福观在宋明之际的理学家那里被誉为“孔颜乐处”，并为宋明士人反复称道。

道家思想则认为那种通过积极进取改善自身境遇的做法是不能令人走向幸福的，反而会使人因追逐外物而逐渐迷失原有的自然本性。所谓自然本性从个人层面而言，便是追求一种精神上的无拘无束、返璞归真的精神境界。从社会层面而言，便是达到一种无为而治的小国寡民状态，它是万物之宗与万物之本，它是一种没有任何外力加于其上的本然状态。人只有摒弃人为，复归自然，才能真正获得心灵上的自由，个人幸福与集体幸福（社会幸福）才得以可能。所以道家思想的幸福观是“道法自然”的幸福。

西方思想史上的犬儒主义认为幸福生活是自足的，人要依靠控制自己的欲望，抛却外在的物质，摒弃一切肉体感官的快乐，过一种极为简单、返璞归真的生活，才能实现幸福生活。苏格拉底认为只有达到灵魂不朽才能实现幸福这一目标，为此人们应当禁欲，即努力放弃所有物质欲望和肉体上的欲望。柏拉图则主张禁欲，即放弃一切物质享受和肉体感官上的欲望，以追求精神上的愉悦幸福。亚里士多德认为幸福就是通过现实生活中的道德行为实现一个个“善”，“至善”即幸福。德谟克利特则认为幸福其实深藏在我们的灵魂深处，而非人们常认为的以占有物质为满足。在伊壁鸠鲁看来，真正的快乐就是我们的身体没有痛苦，我们的灵魂因不受外界的干扰而获得宁静。伊壁鸠鲁首先指出，幸福是有前提的，这个前提就是要消除人对神和死亡的天然的恐惧。在消除对神和死亡恐惧的条件下，人便会得到心灵的宁静，再通过加强道德修养、保持身体的健康、追求理性，控制欲望，就可达到幸福的状态。

显然，上述幸福观要么从感性方面，要么从理性方面去理解分析幸福的内涵，其实都是从精神层面寻找幸福的源泉，都不能真正阐释幸福的真意，因为他们都脱离了人类社会关系，脱离了人类实践。马克思从唯物史观的角度出发，运用唯物主义的世界观和方法论，批判并吸收了西方早期的关于幸福观的思想，最终形成了科学的唯物主义幸福观。其主要内容包括：

首先，劳动创造幸福。马克思认为人与动物的根本区别在于人的生命活动是“有意识的生命活动”，即劳动实践活动。通过劳动实践，人创造出自身生存发展所需要的物质生活资料，而物质上的满足、升级能提升人的幸福感。同时，劳动这种有意识的生命活动，会促进人全面自由发展，并验证自己的能力。所以劳动是幸福的根本原因。

其次，幸福是物质的丰富和精神的愉悦的统一。诸如苏格拉底、柏拉图等认为幸福在于摒弃物质享受而实现精神上的快乐。但马克思认为对于一个肉体挨饿的现实的人来说，精神上是无法体会到幸福的。所以物质上得到极大满足是幸福所必需的因素，但物质又不是幸福的唯一因素，精神上的满足则是另一重要因素。例如，资本主义社会的生产力很发达，物质财富很丰富，但人们并没有真正获得幸福，就源于精神上缺乏享受。

再次，幸福是个人幸福与社会幸福的辩证统一。马克思主义认为个人与社会之间的关系是辩证的，一方面人类社会由个人组成，同时个人也离不开人类社会。同理，在现实社会中，社会整体幸福指数是源于一个又一个生活在其中的个人的幸福指数，而个人幸福的实现有赖于社会幸福这一基础。实现个人自由全面发展的幸福，则是社会幸福的最终目标，二者是辩证统一的关系。

总之，幸福是人生重大的快乐。幸福是人生重大需要和欲望得到满足的心理体验，是人生重大目的得到实现的心理体验。幸福是达到生存和发展的某种完满的心理体验。所以幸福牵涉主观和客观两个方面：从客观上来说需要满足个体需求的物质或精神，即外在条件。“具有优越外在条件，不一定获得幸福；但缺少一定的外在条件，肯定不能获得幸福。”[①]从主观上来说需要个体的心理体验即心理感受，如果一个人欲壑难平，再多的物质或精神享受也难以为他带来幸福。而实现幸福的途径就是劳动与创造。所以习近平总书记结合当代中国特色社会主义的伟大实践指出，“人世间的一切幸福都需要靠辛勤的劳动来创造。”人民群众要实现幸福，不仅要摆脱物质的贫困，还要追求精神境界的提高。

大学生要树立正确的幸福观，首先要正确理解幸福。人总体上生活得美好，家庭和睦、职业成功、行为正当、人格完善等都是幸福的重要因素。但幸福又是相对的，不是尽善尽美的，不同的人有不同的幸福标准。其次要理解幸福是努力奋斗的结果。大学生要努力学习，练好本领，将来积极工作，努力创造。再次既要重视物质又要重视精神。实现幸福离不开一定的物质条件，但精神需要的满足、精神生活的充实也是幸福的重要方面。在追求物质生活水平提高的同时，要更加注重追求德性和高尚的人格，注重追求健康向上的精神生活。第四不能把自己的幸福建立在损害社会整体和他人利益的基础上，相反，只有在为社会作贡献、为他人服务的过程中，我们才能获得幸福所需要的环境和条件，产生更大的幸福感，实现个人幸福与社会进步的相互促进。

六、得失观

得失观中的“得”是指得到、取得、获得之意，而“失”则有遗失、丧失、失去之意。得失观的内涵有两种规定性：一是“得”与“失”具有客观性，即无论是“得”还是“失”都是一种客观结果，而且“得”并非一定是好的结果，即“得”作为一种客观的获得，可以是好的结果，如得

①林剑.幸福论七题[J].哲学研究，2002(4)：52.

民心、得财富、得爱情等，也可以是坏的结果，如得到失败、得到债务、得到死亡等也是“得”。二是“得”与“失”具有现实性，即无论是“得”还是“失”都不能是预期的、计划的或想象的东西，而应该是实实在在的。得失规律不仅有充分的事实依据，也有充分的理论依据，其中最重要的就是对立统一规律。得失规律作为对得与失存在、发展和应用的规律性认识，既是对立统一规律在得失关系中的实际运用，也是对立统一规律在处理得失问题上的具体体现。老子说：“有无相生，难易相成，长短相形，高下相倾，声音相和，前后相随，恒也。”（《老子》）老子所言正是对立统一规律的体现。因此，在老子看来“得”与“失”是对立统一的，相互依存、相互转化，正所谓“祸兮福之所倚，福兮祸之所伏”。《淮南子》传承了老子祸福相转化的思想，认为“福之为祸，祸之为福，化不可极，深不可测也”，甚至会提出“毁人而反利之”，“欲利之而反害之”，即有时想危害某人，其结果却对某人有利，而想对某人有利，其结果却对某人有害，说明“利”与“害”、“得”与“失”相互依存、相互转化。

“得”“失”权衡贯穿于人生实践的各个方面和全过程。在经济生活中，得失遵循等价交换原则，即在公正、公开的情况下任何一方都必须以相等价值的商品相交换，不能“只得不失”或“得多失少”，也不能“只失不得”或“失多得少”，否则交易就不能成功，经济活动就无法进行。如果一些个人或企业采取欺骗消费者的做法得到超额利润，其最终结果会受到社会的惩罚。社会主义社会以按劳分配为原则处理劳动中的得失问题，正如马克思在《哥达纲领批判》中指出的那样，“在共产主义社会第一阶段，每一个生产者，在作了各项扣除之后，从社会领回的，正好是他给予社会的，他以一种形式给予社会的劳动量，又以另一种形式领回来。”[①]在政治生活中，政权的兴亡和轮替反映着政治生活中最大的得失。就执政者而言，为了得民心就会失去个人的各种享乐条件，相反，执政者如果贪婪地搜刮

①马克思恩格斯选集：第3卷[M].北京：人民出版社，2012：304.

民众，可能会得到很多个人财富，但却会失去民心和江山。在建设和发展文化事业时，始终面对着一个如何取舍的问题。面对先进文化与落后文化，人们要取舍；面对传统文化与现代文化，人们要取舍；面对东方文化与西方文化，人们也要取舍。如何“取”得合理、“舍”得其所，实际上就是文化发展中的得失问题。在家庭生活中同样有选择与放弃，有得亦有失。当得到一些东西的时候，其实也失去了一些东西。在权衡得失时，“失”有时只是手段，而“得”却是目的，要以舍得之心应付人生一时的困境。而从整个社会和人生的角度来看，发生在所有个体身上的“得”与“失”最终还会走向平衡，以此来维持社会的稳定与发展。

大学生即将走向社会，必然面对各种得失取舍，必须树立正确的得失观。首先，大学生要以积极进取的态度去面对生活中的成败得失，使一时的成败得失成为人生的财富而不是人生的包袱。其次，不要拘泥于个人利益的得失。个人利益的得失只能部分地衡量人生价值的大小，通过奉献社会才能实现更大的人生价值。只有追求高尚的道义，跳出对狭隘利益的计较，才能赢得他人和社会的尊重。再次，不要满足于一时的得。一个人如果总是满足于一时的得，往往会停步在小小的成功和已有的成绩之上，放弃接下来的努力，以致造成最后的失败。第四，不要惧怕一时的失。正所谓“吃一堑，长一智”，“塞翁失马，焉知非福”，得到的不一定是好事，失去了也不一定是坏事。在失意之际坚持不懈，在坎坷之时不断努力，这样的人生才能更有意义。

七、苦乐观

苦乐观是种人生态度，是人们对于苦、乐的基本观点和态度。庄子认为人的“乐”在于对自由自在、无拘无束的精神状态的满足，而所谓的

“苦”主要不是指肉体的痛苦或贫穷的困境，而是指心灵受到拘禁和限制的不自由的状态。庄子相信人无法改变个人肉体的不幸、社会的困难，但是人可以转化和提升自己的精神境界，这种超然的精神境界不仅可以帮助我们忘却现实之苦，更可以让我们享受到精神之愉悦，这就是所谓的“逍遥之乐”，即一种精神的自我满足，一种非常识、非世俗的怡悦之乐，一种超脱现实和我之有限性的无限的精神之乐。

儒家思想从人与禽兽的区别确定苦乐观，得出精神苦乐重于物质苦乐的观点。荀子曾说：“水火有气而无生，草木有生而无知，禽兽有知而无义。人有气有生有知，亦且有义，故最为天下贵也。”（《荀子·王制》）也就是说人与禽兽的主要区别在于是否具有道义，而有了道义才能有“乐”的追求，“儒家将‘止于至善’作为人生的最高追求”，①而不是止于欲望满足。正如孔子所言：“贤哉回也，一箪食，一瓢饮，在陋巷，人不堪其忧，回也不改其乐。”（《论语·雍也》）颜回此处的乐是就是精神上的快乐，而不是物质上的快乐。孟子指出君子有三乐：“父母俱存，兄弟无故，一乐也；仰不愧于天，俯不怍于人，二乐也；得天下英才而教育之，三乐也。”（《孟子·尽心上》）这三种乐事没有一件是物质上的快乐，都是精神上的快乐。所以儒家的乐是精神上的快乐并非物欲上的快乐，与此相对应，儒家所谓的苦也便是精神上的苦。

但儒家思想并非不讲物质之乐，只是强调在追求物质之乐时必须符合道义，即“君子爱财，取之有道”。孔子说：“富与贵，是人之所欲也；不以其道得之，不处也。贫于贱，是人之所恶也；不以其道去之，不去也。”（《论语·里仁》）

而孟子还认为只有经历磨难之后，才能获得真正的快乐，而且苦与乐是相伴而生，“故天将降大任于斯人也，必先苦其心志，劳其筋骨，饿其体肤，空乏其身，行拂乱其所为，所以动心忍性，曾益其所不能。……然后

①张锡勤.中国传统道德举要[M].哈尔滨：黑龙江大学出版社，2009：63.

知生于忧患，而死于安乐也。”以孟子为代表的儒家学派所说的乐并不是一个人的快乐，而是社会大众的快乐。[①]比如孟子曰：“王之好乐甚，则齐其庶几乎！今之乐犹古之乐也。”曰：“可得闻与？”曰：“独乐乐，与人乐乐，孰乐？”曰：“不若与人。”曰：“与少乐乐，与众乐乐，孰乐？”曰：“不若与众。”[②]也就是说，孟子认为一个人的快乐比不上多个人的快乐，所以孟子的快乐在于与众乐，为此孟子提出要兼济天下苍生，“乐以天下，忧以天下”。[③]换言之，一个人要把自己的快乐和痛苦融入社会中，不能仅仅将其作为个人的内心感受，即要把个人的快乐和痛苦与国家命运联系在一起，与国家民族同忧同乐。

近代西方功利主义则认为趋乐避苦乃人之本性，什么是快乐、什么是痛苦，每个人自己知道的最清楚，所以每个人追求个人利益天经地义，并且个人在追求一己利益的过程中，便会自然而然地为社会奉献。

而在叔本华看来，从根本说每个人都是以自我为中心的，这就产生了自我与外在的冲突。在人生实践中，满足欲望是意志的目的追求。然而欲望不能完全得到满足，是经常处于与外界的斗争中的，这就造成了一定的痛苦。反之，如果欲望得到了满足，这种满足感也无法维持太久。也就是说，人生要么处于无法满足欲望的痛苦之中，要么满足了欲望但要忍受随之而来的厌烦感。所以叔本华认为人生是在痛苦和厌烦之中来回感受，快乐只是处于它们之间短暂的感觉。

马克思主义认为只有在改造自然和社会的实践中才能获得快乐，而且个人的快乐离不开集体，“只有在集体中，个人才能获得全面发展其才能的手段，也就是说，只有在集体中才可能有个人的自由。”[④]毛泽东则指出：“享受让给人家，担子拣重的挑，吃苦在别人前头，享受在别人后头，这样

①学诚.人生的苦与乐[J].法音，2010(9)：48-54.

②杨伯峻.孟子译注(简体字本)[M].北京：中华书局，2008：19.

③杨伯峻.孟子译注(简体字本)[M].北京：中华书局，2008：24.

④马克思恩格斯全集：第3卷[M].北京：人民出版社，1960：84.

的同志就是好同志。”[①]《中国共产党党章》明确规定，党员干部要“吃苦在前，享受在后”。习近平说，“衡量一名共产党员、一名领导干部是否具有共产主义远大理想，是有客观标准的，那就要看他能否坚持全心全意为人民服务的根本宗旨，能否吃苦在前、享受在后，能否勤奋工作、廉洁奉公，能否为理想而奋不顾身去拼搏、去奋斗、去献出自己的全部精力乃至生命。”[②]

大学生要树立正确的苦乐观。首先要明确苦与乐的辩证统一关系，即苦与乐相互依存，在一定条件下可以相互转化。“宝剑锋从磨砺出，梅花香自苦寒来”，所以大学生在艰苦奋斗中要能体会到乐趣，在享受乐趣时不能忘记艰苦的时刻。其次要树立真正的快乐只能由奋斗得来的观点，刻苦学习，努力创造，迎难而上，艰苦奋斗，勇于开拓。

八、顺逆观

任何人在人生实践中总是为了实现某一目标而不断奋斗，但其结果有时能如愿以偿，有时却难尽人意。而如愿以偿达到目的的叫作“顺利”或“走运”，处于“顺境”；未能达到目的、失败的叫“倒霉”或“不走运”，即处于“逆境”。一提顺境和逆境，人们往往会立即想到“命运”问题，所以顺逆观也叫命运观，是指人们对顺境与逆境、幸运与厄运的根本看法和根本态度。

马克思主义认为，顺逆观具有社会历史性和阶级性。人们的顺逆观在不同的社会历史条件下是不一样的，随着社会的发展、生产力的提高和科学技术的进步，人们对顺境和逆境的看法也发生了很大变化。例如，在古

①毛泽东选集：第4卷[M].北京：人民出版社，1991：1162.

②中央文献研究室.十八大以来重要文献选编：上[M].北京：中央文献出版社，2014：116.

时候，医学水平相对比较落后，诸如肺结核属于“不治之症”，患者极其悲观失望，认为自己处于逆境之中，而在今天呢?这种病早已有了根治的办法，得此病并不意味着不顺。在阶级社会中，不同阶级的顺逆观是不同的。例如，实现“耕者有其田”对于地主阶级来说是“逆境”，而对于贫苦农民来说是“顺境”。

马克思主义认为，顺境和逆境的关系是辩证的，两者既相互排斥、相互对立，又相互依存、相互渗透，并在一定条件下相互转化。首先，两者截然不同，顺境是好事，它可以为人们的工作、学习和生活提供有利的条件和环境，并给人们带来喜悦；而逆境却是坏事，它不仅为人们的工作、学习和生活设置障碍，制造难题，而且会给人们带来许多痛苦。其次，顺境和逆境又相互依存、相互渗透的，没有逆境哪有所谓顺境，没有顺境哪有所谓逆境，正如老子所说：“祸兮，福之所倚；福兮，祸之所伏。”亚里士多德也有同样的表达：“人生颇富机会和变化，人最得意的时候，有最大的不幸光临。”

就顺境和逆境产生的原因来说，哲学家提出了多种观点。古希腊哲学家赫拉克利特认为，一个人的命运仅仅是由必然性决定的，人在主观上是完全无能为力的。而所谓偶然性的东西，只不过是人们尚不了解它的原因而已。因而，赫拉克利特竭力片面夸大必然性，排斥偶然性，必然要走向宿命论。与佛教的因果报应论相同，即所谓的“人的命天注定”，只能听任命运的摆布。但我国东汉哲学家王充认为命运纯粹是由偶然性决定的。例如同是贤人，在同一时代，吕望遇文王当了宰相，而箕子遇商纣王却做了奴隶。南北朝哲学家范缜也认为人生的命运、人生的富贵贫贱，就如同随风飘落的花瓣一样，落在何方、飘到哪里完全是偶然的，根本不存在任何因果必然性。

马克思主义认为决定人的命运因素既有客观因素也有主观因素。客观因素又分必然性和偶然性两种因素。必然性指的就是在客观事物发展过程中，合乎规律而一定要发生的、确定不移的趋势。决定人的命运的必然性因素，除了物质世界发展的客观规律外，还包括在人生旅途中不可避免的、一定要碰到的各种客观条件，诸如时代、国家、民族、社会制度和家庭背景等。这些既成事实个人是无法自由选择的。而所谓偶然性指的就是在客观事物发展过程中，可以这样出现也可以那样出现的，不确定的趋势。体现在人们命运中的偶然性因素，指的就是在人生过程中所碰到种种意想不到的遭遇或机遇。例如，同样是很有才干的人，有的因其才干被“伯乐”发现而受到提拔和重用，有的却一生怀才不遇，甚至因其才干而遭到妒忌、诽谤和打击，由此而形成所谓的厄运。

马克思主义还认为，充分发挥人的主观能动性，积极努力，是决定个人命运的各种要素中最重要最有决定意义的要素。因为人可以认识社会历史发展规律，并运用这些规律改造客观世界，从而也就改变了自己的命运。所以人的命运是人们根据客观必然性，发挥自己主观能动性的结果。2018年5月2日，习近平在北京大学马克思主义学院与中外学生进行交谈时指出：玉不琢，不成器。顺境逆境皆为人生财富，要正确对待一时的成败得失，处优而不养尊，受挫而不短志。

大学生要树立正确的顺逆观。首先要认识到顺境和逆境是人生历程中两种必不可少的境遇，所以无论遇到顺境还是逆境，都要以平常心待之。在顺境中前进，如同顺水行舟，使人们更容易接近和实现目标。但是，顺境中的宽松气氛、优越条件，又容易使人滋生骄娇二气，自满自足，意志衰退。在逆境中奋斗，犹如逆水行舟，需要付出更大的努力才可能成功。但在逆境中奋斗可以磨炼意志、陶冶品格、积累战胜困难的经验、丰富人生阅历。其次，要积极奋斗，善于把握机遇。在顺境中，要把握机遇，顺势而快上，这是身处顺境的学问，在逆境中要变压力为动力。总之，要善于利用顺境，勇于正视逆境和战胜逆境，人生价值才能够实现。

九、生死观

生死观是指人们对生死的根本看法与态度。它是人生观的重要组成部分，不同的历史背景、文化环境下，人们的生死观存在很大不同。古希腊思想家苏格拉底认为，人的肉身可以死掉，但灵魂不朽，并且在天堂过着完全幸福的生活。所以苏格拉底认为死亡并不可怕，应该淡定而从容地接受，只不过面对死亡要注重个人的荣誉和尊严。

而我国道家思想则提出了自然无为的生命观，即生命源于“道”，“道”就是自然规律，所以生命也是自然的，老子因此提出“人法自然”和“无为”的生存法则。不过，老子所说的“无为”不是“无所作为”，而是要尊重自然规律，即顺应“道”性，不违背“道”去妄为。反之，一个人在尊重自然规律的前提下反而应积极作为。按照自然无为的要求，人不刻意谋生，也不刻意求死，无论生与死，都是“道”在永恒变化过程中的不同状态而已。

以孔子、孟子为代表的儒家思想“重生哀死”。“重生”顾名思义就是指重视现实，珍视人生，关注生命。“哀死”是指孔子对“死”的忌讳。儒家思想虽看重“生”，但并不回避“死”，而是把生与死看作一个有始有终的整体，是天地之道的体现。儒家思想虽哀“死”，但并不是一味地避“死”，反而主张为了道义可以付出生命，因为人生的意义不在于生命存在的实际长短，而在于精神上的永恒。所以孔子说“朝闻道，夕死可矣”，孟子主张“舍生取义”，即对真理、大义的追求比无知的生命更为可贵。儒家所讲的“道义”“大义”一般指集体、社会、民族和国家利益，所以儒家反对盲目的死亡、轻生，而是认为一个人可以为大义而死，即要“死得其所”。

马克思主义重视人的生命和价值，主张以人为本。所谓以人为本是指把人类的生存作为根本，把人当作社会活动的第一资本。相对于神和物来说，主张用人性反对神性，用人权反对神权，强调把人的价值放到首位。因此，马克思主义尊重人的生命，以人为本实质上是以生命为本，主张促进人的生命本性的圆满，创造和完善人的生命本质，使人能够全面自由地发展，真正成为“人”。但马克思主义认为生命的本质是自然现象基础上的社会性，即生命是一种自然过程，但人的本质在于社会性，是一切社会关系的总和，所以生命的意义在于奉献社会与完善自我的有机统一。马克思指出：“如果我们选择了最能为人类福利而劳动的职业，那么重担就不能把我们压倒，……我们的幸福将属于千百万人。”①《中国共产党党章》规定：“党员必须全心全意为人民服务，不惜牺牲个人的一切，为实现共产主义奋斗终身”；必须“坚持党和人民的利益高于一切，个人利益服从党和人民的利益，吃苦在前，享受在后，克己奉公，多做贡献”；必须“为了保护国家和人民的利益，在一切困难和危险的时刻挺身而出，英勇斗争，不怕牺牲”。毛泽东在纪念烈士张思德的《为人民服务》一文中指出：“人固有一死，或重于泰山，或轻于鸿毛，为人民利益而死，就比泰山还重。……张思德同志是为人民利益而死的，他的死是比泰山还要重的。”他告诫全党全军：“中国人民正在受难，我们有责任解救他们，我们要努力奋斗。要奋斗就会有牺牲，死人的事是经常发生的。但是我们想到人民的利益，想到大多数人民的痛苦，我们为人民而死，就是死得其所。”②

马克思主义还认为生命的归宿则在于浩气长存，千古流芳，即马克思主义的生命观不仅重视生命本身和过程的意义，而且关注生命结束和死亡之后的意义，也就是说肉体的死亡并不代表生命的终结，精神生命的永恒意义可以定格在历史舞台上。所以周恩来认为人不仅要“努力为生，还要

①马克思恩格斯全集：第40卷[M].北京：人民出版社，1982：7.

②毛泽东选集：第3卷[M].北京：人民出版社，1991：1005.

努力为死”。[①]夏明翰烈士慷慨就义时留下绝笔诗：“砍头不要紧，只要主义真。杀了夏明翰，还有后来人。”瞿秋白在牺牲之际高呼：“为革命牺牲，是人生最大的光荣。”毛泽东听取关于刘胡兰事迹的汇报后，深受感动，挥笔写下“生的伟大，死的光荣”。上述言论表明，以马克思主义为指导的中国共产党人，注重生命实践的社会奉献性和精神意义。

马克思主义是科学理论，所以大学生应该以马克思主义的生死观为指导，正确理解人的生与死。首先，要认识到生死是恒常不变的自然现象，有生必有死，生与死是贯穿人生始终的一对基本矛盾，大学生要理性面对生老病死的自然规律。其次，要牢固树立生命可贵的意识。正是因为生命短暂，每个人只有一次生命，才更显示了人生的弥足珍贵，要倍加爱护自己和他人的生命。再次，要努力使自己的生命绽放人生应有的光彩。人的生命是有限的，而生命的价值却是无限的。大学生应珍惜韶华，在服务人民、投身民族复兴的伟大事业中开发出生命所蕴藏的巨大潜能，努力给有限的个体生命赋予更有价值的意义。

十、荣辱观

荣辱是一对基本道德范畴。“荣”即荣誉，是指社会对个人履行社会义务所给予的褒扬与赞许，以及个人所产生的自我肯定性心理体验。“辱”即耻辱，是指社会对个人不履行社会义务所给予的贬斥与谴责，以及个人所产生的自我否定性的心理体验。所以“荣辱”的评价是客观性和主观性的统一。从客观性来说，“荣”是社会对个人德行进行的肯定评价的结果，而“辱”是社会对个人德行进行的否定评价的结果；从主观上说，“荣”是个人对于社会对自身作出的道德评价而产生的满足，愉悦的情感体验，

①怀恩.周总理青少年时代诗文书信集：下卷[M].成都：四川人民出版社，1980：318-319.

"辱"是个人对于社会对自身作出的道德评价而产生的耻辱的情感体验。荣辱观是人们关于荣辱的根本观点和看法，实质上是在义与利的冲突中的价值选择。孔子认为以"符合仁义"和"知耻"为标准追求道德境界，就是"荣"。孟子将此概括为"仁则荣，不仁则辱。"（《孟子·公孙丑章句上》）

儒家思想还根据"荣辱"性质进行分类，把"荣辱"分为义荣和势荣、义辱和势辱。"义荣"是由于人们高尚的德行而获得的荣誉，"势荣"是由于外在的权势地位给自己带来的荣誉。"义辱"是由于自己不道德的行为而招致的耻辱，"势辱"是由于外在的客观势力和环境强加给自己的耻辱。"义荣"和"义辱"都是因自己所作的行为而获得的，而"势荣"与"势辱"却与主体的善恶没有关系。所以在荀子看来，"义荣"是真正的荣誉，是主体内在德性的体现，"义辱"是真正的耻辱，它意味着主体道德的堕落。"君子可以有势辱，而不可以有义辱；小人可以有势荣，而不可以有义荣。"（《荀子·正论》）

马克思主义荣辱观认为以人民为中心即为"荣"，而漠视人民即为耻、为辱，所以为人民服务为荣，背离人民为辱。具体来说，就是以为人民利益奋斗为荣，以谋取不正当的私利为耻；以向人民学习为荣，以轻视人民为耻；以实现人民的美好生活为荣，以停滞不前为耻；以实现人民长远发展为荣，以牵制人民步伐为耻；以接受人民监督为荣，以逃避职责为耻。习近平总书记在十九大报告中指出："不忘初心，方得始终。"中国共产党人一直坚持初心，以人民为先，情系人民，为人民谋幸福，为中华民族谋复兴，就是在坚持马克思主义荣辱观。

大学生要树立正确的荣辱观，就要在继承中华民族优秀道德品质基础上，坚持马克思主义荣辱观。为此，要努力加强道德修养，做到知荣耻、明确是非、对错、善恶、美丑的界限，坚持以热爱祖国为荣、以危害祖国为耻，以服务人民为荣、以背离人民为耻，以崇尚科学为荣、以愚昧无知为耻，以辛勤劳动为荣、以好逸恶劳为耻，以团结互助为荣、以损人利己为耻，以诚实守信为荣、以见利忘义为耻，以遵纪守法为荣、以违法乱纪为耻，以艰苦奋斗为荣、以骄奢淫逸为耻。这样才能在纷繁复杂的社会生活中明确应当坚持和提倡什么，反对和抵制什么，从而判断行为得失，作出道德选择，确定价值取向。

第二章
追求远大理想　坚定崇高信念

本章节的逻辑顺序是：首先讲述一般理想信念的知识，其次论述中国特色社会主义理想信念和共产主义远大理想信念等特殊的理想信念，最后说明大学生如何在实践中化理想为现实。所以本章节教学内容的逻辑顺序是一种从一般到特殊、从理论到实践的过程。因此，本章节教学关键词包括理想、信念、中国特色社会主义共同理想、共产主义远大理想、当代大学生的理想信念等。

一、理　想

（一）理想的内涵

理想是人们在实践中形成的、有实现可能性的、对未来社会和自身发展目标的向往与追求，是人们的世界观、人生观和价值观在奋斗目标上的集中体现。那么，可以从以下几方面理解这个定义：

第一，理想是人所特有的一种精神现象，也就是说无论是植物还是任何动物，都不可能有理想，反过来说，一个心智正常的人如果没有理想就不具备“真正的人”的特性。

第二，理想离不开人的实践。一是理想的形成离不开实践。人的理想的产生和形成源于人的需要，而人的需要要在实践中才能产生和形成。例如人们在生产和生活实践中才能感受到学习的重要性，由此产生努力学习的需要和理想。二是理想的实现离不开实践。实践是主观见之于客观的对象性活动，即实践活动有两端，一端是人头脑中的思想意识，另一端是思想意识要达到的客观结果，而实践将两端连接起来。例如人们在做桌子时，头脑中首先有桌子的形状、做桌子的步骤、规划等思想意识，经过做桌子这个实践活动，最后做成客观存在的桌子。理想是人的精神现象，属于主观范畴，而理想的结果属于客观，所以理想的实现是从主观到客观、从精神到物质的过程。而只有实践是联系主观和客观的桥梁和纽带，能够把人的理想映射到客观物质世界。同时实践才能为理想的实现创造各种条件。

第三，理想有可能实现。如果理想根本不可能实现，那就是幻想，是“白日梦”，而不是理想。

第四，理想都是指向未来的。理想都是还没实现的想法、设计等，其结果在客观物质世界暂时还不存在，理想一旦实现就不能再叫作理想。

第五，理想是“三观”的体现。世界观是人们对生活在其中的世界的总的看法和根本观点。人生观是对人生目的、意义和道路的根本看法和态度，包括幸福观、苦乐观、荣辱观、爱情观等。价值观则是人们对客观事物的意义、善恶、美丑的评价和总的看法。三者密切联系，不可分割。世界观是人生观的理论基础，为人生观提供一般观点和方法论的指导。人生观是世界观在人生问题上的运用和贯彻，对世界观产生反作用。世界观、人生观都是价值观的形成基础，世界观、人生观不同，价值观就不同，而价值观同样对世界观和人生观有反作用。理想则是世界观、人生观和价值观共同作用的结果，是三者的集中体现。例如，拥有马克思主义世界观的人，一般会有高尚而科学的人生观，把为人民服务、实现国家和民族的利益，乃至把实现共产主义作为理想。

（二）理想的类型

根据不同的标准，理想可以划分为多种类型。从性质上看，理想可分为科学理想和非科学理想。科学的理想是建立在正确的理论和客观现实基础之上的，具有切实的可行性的理想，通过实践或者科学范畴之内的逻辑推理是可以或者可能实现的。一般地，科学的理想是人的主观能动性与社会发展客观趋势的一致性的反映，是在正确把握社会历史发展客观规律的基础上形成的合乎社会发展要求、合乎人民利益的理想。非科学理想是指缺乏客观依据、不合逻辑的理想，一般意义上等于幻想或者空想。从层次上看，理想可分为崇高理想和一般理想。崇高理想是指为国家和人民利益而奋斗的理想，具备这种理想的人，具有舍己为公、毫不利己专门利人的高尚品质。一般理想相对于崇高理想来说，层次较低，表现为普罗大众日常生活中的方方面面。从时序上看，理想可分为长远理想和近期理想。长远理想是指时间跨度较长的理想，往往具有战略性、全局性，统领着时间跨度较短的理想。近期理想是指时间跨度较短的理想，一个个近期理想为长远理想的实现而服务。从对象上看，理想可分为个人理想和社会理想。个人理想指处在一定历史条件下和社会关系中的个体对于自己未来的物质生活、精神生活所产生的种种向往和设想。社会理想则是一种群体理想，根据群体的大小，群体理想又可分为多种，如家庭成员共有的家庭理想，一个企业成员共有的企业理想，一个民族共有的理想等。而一定社会的阶级或个人对未来社会发展状态的构想和追求目标就是社会理想，包括未来社会制度和政治结构以及经济、文化、社会等各方面的发展状态，如儒家的大同世界、马克思主义的共产主义等。从内容上看，理想可分为社会政治理想、道德理想、职业理想和生活理想。社会政治理想是指人们对未来社会政治发展态势的设计和追求目标，包括社会政治制度、政治结构、政治运行机制等。道德理想是指人们对自己未来的道德人格和社会道德状况的向往与追求。职业理想是人们在职业上依据社会要求和个人条件确立的奋斗目标，即个人渴望达到的职业境界。它是人们实现个人生活理想、道德理想和社会理想的手段，并受社会理想的制约，是人们对职业活动和职业成就的超前反映，与人的价值观、职业期待、职业目标密切相关，与世界观、人生观密切相关。生活理想是指人们对未来生活状态和生活目标的设想和追求，是人们的职业理想、道德理想和社会理想在生活上的综合体现。

（三）理想的特征

超越性：理想不是对现状的简单描绘，而是与奋斗目标相联系的未来的现实，是人们对未来美好生活的憧憬和期待。换言之，理想不是现实，只是源于现实，必须经过努力奋斗才能变为现实。所以理想高于现实，超越现实。理想具有推动人们创造美好生活的巨大力量，能指引人们前进的方向。离开现实的努力，理想同样不能实现。

实践性：首先，理想是一定的社会实践的产物。理想是处在特定历史条件下的人们对社会实践活动理性认识的结晶。也就是说，人们在一定的社会历史条件下的实践才会产生树立某种理想的需要，离开了实践，任何理想的产生都是没有根基的。其次，理想的实现同样也离不开实践。实践为理想的实现创造了各种客观和主观条件。实践更是联系客观世界和主观世界的桥梁和纽带，在实践中人们才能把理想这种思想观念映射到客观物质世界，在改造世界的实践中化理想为现实。

时代性：理想同任何一种社会意识一样，都是一定时代的产物，都带着特定历史时代的烙印。不同时代的生产力发展水平不同，社会历史条件和政治经济关系不同，人们对社会现实状况、社会实践活动及其发展规律认识的深度和广度不同，形成的理想也就会有所不同。例如，在古代人们不可能有买汽车或当一名软件工程师的理想，而在当今时代，人们也不可能树立开一个镖局的理想。理想的时代性不仅体现为它受时代条件的制约，而且体现为它随着时代的发展而发展，即随着社会的发展进步，随着对社会发展规律和人的发展规律认识的逐步深化，人们也会不断地调整、丰富和发展自己的理想。

（四）理想的作用

一个人没有理想就是一具行尸走肉，一个国家、一个民族如果没有理想，就不能“傲立于世界民族之林”。人类没有理想则永远只能是“茹毛饮血”“攀壁援枝”。

首先，理想为人的奋斗提供目标。人与一般动物的一大区别在于，一般动物的行为多出于本能，是自然的行为。而人的行为是在一定思想意识指导下的有计划、有目的的行为，而且这些行为最终受人的理想所制约。理想就像一盏明灯，指示着人的奋斗方向。其次，理想是战胜艰难困苦的精神力量。“志之所趋，无远勿届，穷山距海，不能限也。志之所向，无坚不入，锐兵精甲，不能御也。”志存高远的人，再遥远的地方也能达到，再坚固的东西也能突破。再次，理想能够提高人的精神境界。一方面能使人的精神生活各方面统一起来，使人的精神世界成为一个健康有序的系统，避免精神空虚和迷茫；另一方面又能引导人们不断追求更高人生目标，并在追求和实现目标的过程中提升精神境界、塑造高尚人格。同学们都熟悉“韩信胯下受辱”的故事，但你们有没有思考韩信为什么那样做？是胆小？是打不过那个向他挑衅的人？都不是，是韩信怀有远大理想，这个理想让他目标明确，从而显示出其极高的人生境界。

二、信　念

（一）信念的内涵

信念同理想一样，也是人类特有的一种精神现象。关于信念的定义，人们有多种说法：有的人认为信念是对理论的真理性和实践行为的正确性的内在确信。有些人则把信念定义为自己认为可以确信的看法。也有人说信念是坚信某种观点的正确性，并支配自己行动的个性倾向。还有人指出，信念是表示一种心理或心理身体都包括在内的状态。如此等等，关于信念的定义不下数十个。但就比较统一的看法来说，信念应该具有以下内涵：

首先，从来源上看，信念是主体经验和知识在人们头脑中的反复积淀。信念是人头脑中的一种观念、一种意识。根据马克思主义理论，信念必然来源于客观实际，是客体在主体头脑中的反映。所以信念的形成首先要认识客观世界，认识客体，在认识的基础上通过心理体验形成一定的指向性理念。这样的过程经过反复多次的积淀，指向性的理念日益得到加强，最后便形成信念。

其次，从功能上看，信念是理念得以实现的主观手段，是理念和实践之间的一个具有能动性和创造性的环节。理念转化为现实需要人的具体行动，而人的行动过程不仅需要物质条件，也需要精神手段，如动机、决心、意志、情绪等。这些精神手段的形成取决于对该理念真理性、行动的必要性和实现理念的可能性的信念。所以，“对知识的真理性和实践行为正确性的内在的坚信、确信对人来说是需要的。”①而且，信念对理念的现实化还具有指导作用，使实践活动具有自觉性，否则，所谓认识和改造世界的活

①科普宁．马克思主义认识论导论[M]，马迅，章云，译．北京：求实出版社，1982：269.

动就是自在的。

再次，信念是认识、情感和意志的融合体。人的大脑不仅能认识客观事物，同样会产生情感、意志和主观能动性。换言之，人不仅是一个认识主体，而且是一个情感主体和意志主体。在信念形成过程中，认识是前提，情感则是主体的精神动力，意志对情感起着控制作用，可以激发或抑制主体的情感，意志和情感共同调节着主体的认识，三者相互作用，共同形成了坚定的观念即信念。所以说信念是认识、情感和意志的融合体。正如柯普定所说："信念不仅是，也不单纯是知识，而是充满人的意志、感情和愿望的，转变为信心的知识。"①

综上所述，信念是人们在一定的认识基础上确立的对某种思想或事物坚信不疑并身体力行的精神状态。信念是认知、情感和意志的有机统一体，为人们矢志不渝、百折不挠地追求理想目标提供了强大的精神动力，是对理想的信赖。

（二）信念的特征

执着性：信念因其执着而为信念，信念一旦形成，就会努力身体力行，不达目的不罢休。具体来说，当一个人抱有坚定的信念时，他就会全身心投入为实现目标而努力奋斗的事业中去，精神上高度集中，态度上充满热情，行为上坚定不移。坚定的信念使得人们具有强大的精神定力，不为利益所动，不为诱惑所扰，不为困难所惧。

多样性：信念的形成取决于人所处的社会环境、利益需求、人生经历、性格特征、社会地位、受教育程度等诸多因素。这些因素的千差万别，必然导致人的信念具有多样性。同时，同一个人也会形成不同类型和层次的信念，并由此构成其信念体系。在信念体系中，高层次的信念决定低层次的信念，低层次的信念服从高层次的信念。而信仰是最高层次的信念，

---

①科普宁.马克思主义认识论导论[M],马迅,章云,译.北京:求实出版社,1982:272.

具有最大的统摄力。信仰有盲目和科学之分。盲目的信仰就是对虚幻的世界、不切实际的观念、荒谬的理论等的迷信和狂热崇拜，科学的信仰则来自人们对自然界和人类社会发展规律的正确认识。

稳定性：信念的形成是主体观念的一个长期的积淀的过程，同时伴有强烈的情感色彩和意志倾向，所以，它有着比其他任何观念都强的坚定性和稳定性，它一经形成和确立，绝不轻易改变。除非信念主体在认识和实践过程中多次受到冲击和遭受挫折，才会修正自己的信念。例如，科学史上亚里士多德——托勒密“地心说”，是古代西方科学家所确立的信念，尽管不是客观真理，但结果却使之持续了千年之久，最后才由哥白尼所提出的较为科学的“日心说”所取代。

亲和性：德同则相聚，道合须志同。有相同信念的人往往相互吸引，能够成为志同道合的人，反之，信念不同的人很容易相互排斥，甚至成为敌人。

（三）信念的作用

在人的生命历程中，理想和信念总是如影随形、相互依存。理想是信念的根据和前提，信念则是实现理想的重要保障。在很多情况下，理想亦是信念，信念亦是理想。当理想作为信念时，它是指人们坚定相信的一种观点和主张。当信念作为理想时，它是与奋斗目标相联系的一种向往和追求。也正因如此，人们常将理想与信念合称为理想信念。所以信念与理想的作用相同：信念昭示人们的奋斗目标，为人们追求理想目标提供强大动力，提升精神境界。

三、中国特色社会主义共同理想

（一）中国特色社会主义共同理想的内涵

理解中国特色社会主义共同理想这个概念，要弄清三个方面的含义，即社会主义、中国特色和共同理想。社会主义思想诞生于16世纪，是一种社会学思想。它一方面猛烈批判资本主义社会存在的残酷剥削和由此而来的种种罪恶，另一方面设想理想社会即社会主义社会，主张把社会看作一个整体，由社会拥有和控制资本、产品、土地等，社会管理和利益分配本着公共利益，以实现共同富裕为目标。但早期的社会主义者没有找到实现社会主义的力量、途径和方法，使他们的社会主义思想陷入空想。马克思恩格斯批判地吸收了空想社会主义的思想成果，创立了科学社会主义。而中国特色社会主义属于科学社会主义，不是别的什么主义，本质上要解放生产力，发展生产力，消灭剥削，消除两极分化，实现共同富裕。

中国特色社会主义既坚持了科学社会主义基本原则，又根据时代条件赋予其鲜明的中国特色，具有中国风格、中国气派，包括中国特色社会主义道路，中国特色社会主义理论体系，中国特色社会主义制度，中国特色社会主义文化。而中国共产党的领导是中国特色社会主义最本质的特征。其中中国特色社会主义道路，就是在中国共产党领导下，立足基本国情，以经济建设为中心，坚持四项基本原则，坚持改革开放，解放和发展社会生产力，建设社会主义市场经济、社会主义民主政治、社会主义先进文化、社会主义和谐社会、社会主义生态文明，促进人的全面发展，逐步实现全体人民共同富裕，建设富强、民主、文明、和谐、美丽的社会主义现代化强国，实现中华民族伟大复兴。中国特色社会主义理论体系，是指马克思主义中国化在改革开放后的新成果，包括邓小平理论、“三个代表”重要思想、科学发展观以及习近平新时代中国特色社会主义思想。中国特色社会主义制度主要有：人民代表大会制度、中国共产党领导的多党合作和政治协商制度、民族区域自治制度以及基层群众自治制度等政治制度；以宪法为中心的中国特色社会主义法律体；以公有制为主体多种所有制经济共同发展、以按劳分配为主体多种分配方式并存的社会主义市场经济制度，以及建立在这些制度基础上的文化制度和社会制度。中国特色社会主义文化，就是以马克思主义为指导，坚守中华文化立场，立足当代中国现实，结合当今时代条件，发展面向现代化、面向世界、面向未来的民族的科学的大众的社会主义文化。

所谓共同理想是指社会的共同意识。中国特色社会主义共同理想就是当今中国各阶级、各民族、各阶层、各群体和每一个中国人的共同梦想，相对于共产主义这个远大理想来说，共同理想是一种阶段性理想，是指在中国共产党领导下，走中国特色社会主义道路，实现中华民族的伟大复兴。具体来说，是指在二十一世纪头二十年全面建设成小康社会的基础上，再继续奋斗几十年，到二十一世纪中叶把我国建设成为富强、民主、文明、和谐、美丽的社会主义现代化强国，实现中华民族伟大复兴。达到这一理想目标之后，中国特色社会主义还将继续前进，中国特色社会主义事业还将进一步向前推进。

（二）坚持中国特色社会主义共同理想的必要性

1840年之后，一代又一代的中国人为了探索救民救国之路，改变列强欺压、国土分裂、民不聊生的悲惨状态，进行了艰苦卓绝的奋斗，封建专制主义、资本主义改良主义、资本主义共和主义等各种思想、方案、主张在中国登场，但都不能改变中国半殖民地半封建的社会状况，不能实现国家的完全独立、统一和人民的解放。中国共产党成立后，以社会主义和共产主义为奋斗目标，经过28年的革命取得执政地位，又经过社会主义改造，在中国建立了社会主义制度。经过70余年的发展，我国社会主义事业取得了举世瞩目的成就，实现了国家的初步繁荣，为中华民族伟大复兴打下坚实基础，开辟了光明大道。历史事实证明，只有中国共产党才能救中国，只有社会主义才能发展中国，中国特色社会主义道路是实现社会主义现代化、指引中国人民创造自己美好生活的必由之路。中国特色社会主义理论体系是指导党和人民沿着中国特色社会主义道路实现中华民族伟大复兴的正确理论，是立于时代前沿、与时俱进的科学理论。中国特色社会主义制度是当代中国发展进步的根本制度保障，是具有鲜明中国特色、明显制度优势、强大自我完善能力的先进制度。中国特色社会主义文化源自中华民族五千多年文明历史所孕育的中华优秀传统文化，熔铸于党领导人民在革命、建设、改革中创造的革命文化和社会主义先进文化，植根于中国特色社会主义伟大实践，是中国人民胜利前行的强大精神力量。中国特色社会主义，既是我们必须不断推进的伟大事业，又是我们开辟未来的根本保证。

中国特色社会主义共同理想内涵着国家、民族和每个中国人的理想，具有强大凝聚力，能够把国家、民族与个人紧紧地联系在一起，把各个阶层、各个群体的共同愿望有机结合在一起，集中代表了我国工人、农民、知识分子和其他劳动者、建设者、爱国者的利益和愿望，有着广泛的社会共识，具有令人信服的必然性、广泛性和包容性。

四、共产主义远大理想

（一）共产主义远大理想的内涵

共产主义是马克思主义科学预测的未来社会的理想状态，为人类社会发展指明了方向。共产主义社会是物质财富极大丰富的社会，实行按需分配，人的精神境界极大提高，每个人都能自由而全面发展。共产主义只有在社会主义社会充分发展和高度发达的基础上才能实现。中国共产党从成立之日起，就确立了共产主义的远大理想，始终团结带领中国人民朝着这个伟大理想前行。

（二）树立共产主义理想的要求

首先，树立共产主义理想必须树立马克思主义信仰。共产主义是根据马克思主义科学理论推导出来的。马克思主义具有科学性，因为马克思主义批判地继承了人类的全部优秀文化遗产，特别是吸取了到19世纪上半叶为止的人类思想最高成就的思想精华。马克思主义深刻揭示了自然界、人类社会、人类思维发展的普遍规律，为人类社会发展进步指明了方向。揭示了事物的本质、内在联系及发展规律，是“伟大的认识工具”，是人们观察世界、分析问题和改造世界的有力思想武器。所以马克思主义是严密的科学体系。

马克思主义具有革命性。马克思主义革命性是指其具有鲜明的实践品格，不仅致力于科学解释世界，而且致力于积极改变世界。中国共产党以马克思主义为指导开展了新民主主义革命，开辟了社会主义建设道路，不断深化改革和扩大开放、走新型工业化道路、建设创新型国家、尊重人民群众首创精神等，就是马克思主义革命性的具体体现。同时，马克思主义革命性还体现为它的开放性。马克思主义诞生于19世纪中叶，但并没有停留在19世纪，而是不断地吸收、提炼人类创造的一切科学知识和文明成果，并将其运用于推动社会历史的进步。马克思主义进入中国，既引发了中华文明的深刻变革，也走过了一个逐步中国化的过程。在革命、建设、改革的各个历史时期，中国共产党坚持马克思主义基本原理同中国具体实际相结合，运用马克思主义立场、观点、方法研究解决各种重大理论和实践问题，不断推进马克思主义中国化、时代化、大众化，指导党和人民取得了新民主主义革命、社会主义革命和社会主义建设、改革开放的伟大成就。实践证明，马克思主义只要与本国国情相结合、与时代发展同进步、与人民群众共命运，就能焕发出强大的生命力、创造力和感召力。

马克思主义还具有鲜明的阶级性即人民性。马克思恩格斯早在《共产党宣言》中就明确指出："过去的一切运动都是少数人的，或者为少数人谋利益的运动。无产阶级的运动是绝大多数人的，为绝大多数人谋利益的独立的运动。"[①]为无产阶级、为绝大多数劳动人民谋利益，就是马克思主义阶级性即人民性的体现。而共产主义就是为了实现人类彻底解放，是人民的事业，是马克思主义追求的终极目标。

其次，树立共产主义理想必须勇于实践。有人认为，共产主义理想离现实太遥远，是无法实现的，这实际上割裂了共产主义远大理想与现实的辩证统一关系。事实上，共产主义的思想和实践早已存在于我们的现实生活中，那种认为"共产主义是渺茫的幻想""共产主义没有经过实践检验"的观点，是完全错误的。然而，共产主义是现实运动和长远目标相统一的过程，是共产主义理论、共产主义运动和共产主义制度的统一。其中共产主义运动即共产主义实践，无论共产主义理论的发展还是制度的建立，都是共产主义运动即实践的结果。而且共产主义远大理想的最终实现是一个

---

①马克思恩格斯选集：第1卷[M].北京：人民出版社，2012：411.

漫长、艰辛的历史过程，需要一代又一代人付出艰苦的努力，没有共产主义实践，再伟大的理想也不会变为现实。

共产主义是远大理想，它的实现需要经历一个个阶段性理想的实现。当今中国人正在推进中国特色社会主义事业，既是为实现中国特色社会主义的共同理想，也是为实现共产主义的现实运动。作为当代大学生，我们要正确认识共产主义远大理想和中国特色社会主义共同理想之间的关系。实现共产主义是我们的远大理想，坚持和发展中国特色社会主义，就是向着远大理想所进行的实实在在的努力。心中有信仰，脚下有力量。走好新时代的长征路，大学生要不断增强中国特色社会主义道路自信、理论自信、制度自信、文化自信，自觉做共产主义远大理想和中国特色社会主义共同理想的坚定信仰者、忠实实践者，为崇高理想信念而矢志奋斗。

五、当代大学生的理想信念

（一）大学生树立理想信念的必要性

美国心理学家戴维·麦克莱兰研究认为：人们最重要的需要是理想信念。年轻人的理想信念关系着国家的命运，也关系着个人的成功，能够使人奋发向上。

马加爵，云南大学的学生。因琐事先后将4名同学杀害。被捕后他在狱中感叹："我觉得没有理想是最大的失败。这几年没什么追求，就是很失败。""平时，我与周围的人，浑浑噩噩过日子。学习不怎么努力，也没有想过为社会国家做什么贡献。想到的、关心的都只是自己的那点心事。"

马加爵之所以走上毁灭之路，原因是多方面的，可以从心理学、社会学、政治学等诸多角度去分析，但总的来说，进入大学之后缺乏理想信念、没有追求、整天浑浑噩噩混日子，是悲剧发生的一个重要根源。反过来说，假如马加爵在大学里树立了远大理想和崇高信念，并为之而孜孜奋斗，他就不会把同学之间的一些小矛盾看得那么重，以至于酿成惨剧。因此，对于大学生来说，树立科学而远大的理想信念具有必要性：理想信念引导大学生做什么人，指引大学生走什么路，激励大学生为什么学。

（二）大学生应树立科学而远大的理想信念

大学生要树立科学而远大的理想，就要把个人理想融入社会理想，把个人奋斗目标与国家、民族的奋斗目标相统一，在为实现社会理想而奋斗的过程中实现个人理想。

首先，个人理想离不开社会理想。人的本质是社会关系的总和，每个人都是处于一定历史条件和社会关系中的个体，对于自己未来的物质生活、精神生活都有种种向往和追求。所以个人理想与社会理想的关系实质上是个人与社会关系在理想层面的反映。个人与社会有机地联系在一起，二者相互依存、相互制约、共同发展。同样，社会理想与个人理想也不是彼此孤立的，它们之间相互联系、相互影响、相互制约。

其次，个人理想的确立以社会理想为引导。在整个理想体系中，社会理想是最根本、最重要的，正确的个人理想不是依个人主观愿望随意确定的，从根本上说它是由正确的社会理想规定的。换句话说，个人理想的确立要以社会理想为引导。而社会理想是对个人理想的凝练和升华，社会是个人的联合体，社会理想与个人理想密不可分。社会理想不是凭空产生的，也不是由外在力量强加的，而是建立在众人的个人理想基础之上的。强调个人理想要符合社会理想，并不是要排斥和抹杀个人理想，而是要摆正个人理想同社会理想的关系。

再次，个人理想的实现以社会理想的实现为基础。追求个人理想的实践活动都是在社会中进行的，离不开一定的社会条件。社会理想归根到底要靠全体社会成员的共同努力来实现，并具体体现在每个社会成员为实现个人理想而进行的活生生的实践中。当社会理想同个人理想有矛盾冲突的时候，有志气、有抱负的人可以做出最大的自我牺牲，使个人的理想服从于全社会的共同理想。例如，如果一个人因实现理想而获得利益，但他人和社会的利益却受损失，则其理想最终就无法实现。所以个人理想只有同国家的前途、民族的命运相结合，个人的向往和追求只有同社会的需要和人民的利益相一致，才可能变为现实。

“得其大者可以兼其小。”个人只有把人生理想融入国家和民族的事业中，才能最终成就一番事业。大学生对自己未来生活的追求和向往，不能脱离当代中国的社会现实。坚持和发展中国特色社会主义，实现中华民族的伟大复兴，是当代中国最大的现实，也是全体中国人民共同的社会理想。大学生要在社会理想的指引下，珍惜韶华、奋发有为，勇于追求个人理想，在实现社会理想的过程中努力实现个人理想。

（三）大学生化理想为现实

理想信念是一个思想认识问题，更是一个实践问题。如果说，现实是此岸，理想是彼岸，那么，唯有实践才是联系二者的桥梁。所以大学生要将正确理想化为现实，就要做到以下几点：

首先，要正确把握理想与现实的关系，辩证看待理想与现实的矛盾。理想与现实是对立统一的。在日常生活中，人们在处理理想与现实的关系时，往往只看到二者对立的一面，看不到二者统一的一面。一种认识偏向是用理想来否定现实，当发现现实不符合理想预期的时候，就对现实大失所望，甚至对现实采取全盘否定的态度。另一种认识偏向是用现实来否定理想，在追求理想的过程中一遇到困难就产生畏难情绪，觉得理想遥不可及，丧失为理想而奋斗的信心和勇气，直至最终放弃理想。之所以会出现这些认识误区，从思想方法上讲，是由于不能辩证地看待和处理理想与现实的矛盾。理想和现实存在着对立的一面，二者的矛盾与冲突，属于“应然”和“实然”的矛盾。假如理想与现实完全等同，那么理想的存在就没有意义。理想与现实又是统一的。理想受现实的规定和制约，是在对现实认识的基础上发展起来的。一方面，现实中包含着理想的因素，孕育着理想的发展；另一方面，理想中也包含着现实，既包含着现实中必然发展的因素，又包含着由理想转化为现实的条件。在一定的条件下，理想可以转化为未来的现实。脱离现实而谈理想，理想就会成为空想。

其次，对理想实现的曲折性要有充分的心理准备。理想的实现是一个长期、艰巨和曲折的过程。一般来说，理想越是远大，它的实现过程就越复杂，需要的时间也就越漫长。纵观人类社会发展史，任何一种理想的实现都不是轻而易举的，必然会遇到各种各样的困难和波折，充满着艰险和坎坷。实现理想、创造未来，必须有战胜种种艰难险阻的坚定不移的信心和坚忍不拔的毅力。理想变为现实不是一帆风顺的，往往会遭遇波澜和坎坷。在现实生活中，人们对于理想的美好有着充分的想象，而对于理想实现的艰难则往往估计不足。渴望早日实现理想，希望顺利实现理想，这是人之常情。但是，如果把实现理想设想得过分容易，对前进道路上的困难缺乏思想准备，遭遇到一点困难、曲折或失败就灰心丧气、悲观失望，那就会影响理想的实现。

再次，要有艰苦奋斗的实际行动。“人类的美好理想，都不可能唾手可得，都离不开筚路蓝缕、手胼足胝的艰苦奋斗。”一个没有艰苦奋斗精神作支撑的民族，是难以自立自强的；一个没有艰苦奋斗精神作支撑的国家，是难以发展进步的；一个没有艰苦奋斗精神作支撑的政党，它的事业是难以兴旺发达的。艰苦奋斗是我们的传家宝。我们的国家，我们的民族，从积贫积弱一步一步走到今天的繁荣昌盛，靠的就是一代又一代人的顽强拼搏，靠的就是中华民族自强不息的奋斗精神。艰苦奋斗绝不是一时的权宜之计。那种认为“艰苦奋斗是老一辈的事，当代青年不需要艰苦奋斗”的观点，在理论上是错误的，在实践中是有害的。一方面，物质生活条件的改善，社会观念的变化，只是赋予艰苦奋斗以新的时代内涵和实践要求，但艰苦奋斗的精神是永远不会过时的；另一方面，讲艰苦奋斗，也并不是不讲物质利益，而是为了实现既定的理想，不怕吃大苦、耐大劳，不惜献出自己的一切。当代中国既面临着重要的发展机遇，也面临着前所未有的困难和挑战。梦在前方，路在脚下。自胜者强，自强者胜。实现我们的发展目标，需要广大青年锲而不舍、驰而不息的奋斗，不断书写奉献青春的时代篇章。

大学生要实现个人理想同样要艰苦奋斗。大学生要把敢于吃苦、勇于奋斗的精神落实到日常的学习、生活和工作中。在学习上，刻苦钻研、不畏艰难，孜孜不倦地学习理论和专业知识，不断提高思想道德和专业知识水平；在生活上，艰苦朴素、勤俭节约，抵制和反对铺张奢华的思想和生活作风；在工作上，奋发图强、不怕困难、不避艰险，努力完成各项任务。而且，大学生应该牢记这样的道理：每一个青年的前途离不开国家的前途，没有国家的前途也就没有青年的前途。大学生肩负实现中华民族伟大复兴的历史重任，只有把实现理想的道路建立在脚踏实地的奋斗上，才能放飞青春梦想，实现人生理想。

为此，一是要立志当高远。放开眼界，不满足于现状，也不屈服于一时一地的困难与挫折，更不要斤斤计较个人私利的多少与得失。大量事实告诉人们，那些在事业上取得伟大成就、对人类作出卓越贡献的人，都是在青年时期就立下了鸿鹄之志，并为之坚持不懈、努力奋斗的人。

二是立志做大事。大学生要以国家民族的命运为己任，而不要以个人的荣华富贵为人生的理想。如果一个人不顾自身所处时代的召唤，脱离国家和民族繁荣发展的需要，一切以自我为中心，那么，不仅他的人生价值取向是错误的，这种追求因为脱离了国家、民族和时代的需要，往往也是难以实现的。在今天，做大事就是献身于新时代中国特色社会主义伟大事业。无论从事什么具体、平凡的工作，只要是与这一伟大事业相联系、服务于祖国和人民的，就值得我们去做。新时代的大学生应该把个人的命运与国家和人民的命运联系在一起，立为国奉献之志，立为民服务之志，为祖国和人民的利益而奋斗，在为实现社会理想而奋斗的过程中实现个人理想。

三是立志须躬行。漫长征途需要一步一步地走，崇高理想的实现需要一点一滴地奋斗。大学生要牢记“空谈误国、实干兴邦”，志存高远、脚踏实地、埋头苦干，充分展现自己的抱负和激情，用勤劳的双手成就属于自己的人生精彩。

第三章
继承优良传统　弘扬中国精神

本章节主要内容是解释中国精神的内涵、重大意义，并论述大学生如何在现实中弘扬中国精神，其逻辑结构是从理论到实践。本章节有以下教学关键词：中国精神、民族精神、时代精神、爱国主义、国家安全意识。

一、中国精神

（一）中国精神的界定

一般地，一个国家的国家精神具有共同性、历史性、现实性和积极性。共同性是指国家精神不是某个人、某个阶级、阶层和群体的精神表现，而是大多数国民共同的精神风貌。历史性指的是国家精神要经过长期的历史积淀才能形成，具有历史的传承性。例如，所谓的美国精神就是欧洲殖民者自登陆美洲大陆之后，在美洲大陆生存发展过程中所表现的各种共同的精神品质的概括，诸如渴求知识、自律自强、奉献社会、开拓进取等。

中国精神也是如此，是中华民族在五千年的历史长河中薪火相传、不断积淀的结果。然而国家精神并不完全是历史传承的结果，也是一个时代主流精神风尚的体现，因而具有现实性。而无论从历史还是现实来看，任何国家的国民所表现出的精神面貌既有消极的方面，也有积极的方面，但国家精神不包括消极的方面，所以国家精神具有积极性。

显然，中国精神是指中华民族在悠久的历史进程中凝聚的，并吸纳当代先进文化而形成的中华民族所特有的积极的精神气质和精神品格，是中华民族的精神标识之一。其主要内容包括以爱国主义为核心的民族精神和以改革创新为核心的时代精神。

（二）中国精神的内涵

根据上文对中国精神的定义，中国精神既内涵着中华民族的优秀传统，又融合了当今时代精神的特点，是民族精神和时代精神的统一。

1.以中华民族优秀传统为历史根基。中华民族优秀传统表现在以下几方面：一是表现在重视并崇尚精神生活上。中华民族自古崇尚君子精神，而且自孔子开始，打破帝王对“君子”垄断，认同人人都可成为道德高尚的人，皆有可能成为“君子”。《易经》开篇第一句话就是：“天行健，君子以自强不息；地势坤，君子以厚德载物”。而君子的突出特点就是崇尚精神。孔子强调“君子忧道不忧贫”，“君子喻于义”，崇尚“一箪食，一瓢饮，在陋巷，人不堪其忧，回也不改其乐”的精神追求。所以古人认为不必在物质利益上过度讲究和占有，要做到淡泊名利，惟道义不可或缺。古圣先贤认为，人之所以异于禽兽，在于人有道德，有精神追求。《孟子》说，“君子莫大乎与人为善”“焉有君子而可以货取乎？”《庄子》中讲，“君子之交淡如水。”

二是表现在中国古人对理想的不懈追求上。理想是激励个体的精神内驱力，是凝聚社会整体的精神力量。矢志不渝地坚守理想，是中国古人崇尚精神的典型体现。如，法家强调“不别亲疏，不殊贵贱，一断于法”的理想；儒家把仁爱、和谐视为最高的道德理想，为实现“仁”的理想即使献出生命也在所不惜，即“志士仁人，无求生以害仁，有杀身以成仁”；墨家把人与人之间平等的相爱作为理想，即“兼相爱，交相利”。正是因为有了这种理想主义情怀，无数志士仁人“为天地立心，为生民立命，为往圣继绝学，为万世开太平”，他们心怀天下，利济苍生，为追求道义、实现理想而上下求索。

三是表现在对道德修养和道德教化的重视上。中国传统文化十分强调道德修养和道德教化，主张修身治国平天下，“欲治其国者，先齐其家；欲齐其家者，先修其身；欲修其身者，先正其心”，即将“修身”作为人生第一要务，将“立德”置于“三不朽”（立德、立功、立言）之首。中国古人认为，“自天子以至于庶人，壹是皆以修身为本”，认为教化的目的是“明人伦”，是培养有道德的人。古代思想家们不仅对道德修养和道德教化进行了系统论述，而且提出了修身养性的具体方法以及家箴家训、乡规民约等教化方式。所有这些，无不表明中华民族自古以来高度重视道德教化。

四是表现为对理想人格的推崇。儒家把“君子”“贤人”“圣人”作为自己的理想人格，要求人们“求大义”“重德行”。孟子谓：“可欲之谓善，有诸己之谓信。充实之谓美，充实而有光辉之谓大，大而化之之谓圣，圣而不可知之之谓神。”这些思想都反映着古代先哲对人生境界的看法，对高尚人生境界的尊崇和追求。道家推崇逍遥于天地之间的“真人”“至人”，追求一种“上与造物者游，而下与外死生、无终始者为友”的绝对自由的理想境界。近代启蒙思想家梁启超呼吁“新民”的理想人格，要求国民锻炼激发本有的德性并使其不断创新，自觉从帝国时代皇帝的臣民转化为现代国家的国民。这些出现在中国历史上的诸种理想人格，虽时代不同，类型有别，但其共同点是关注人的精神品格。

2. 以时代精神为现实依据。时代精神是一个国家和民族在新的历史条件下形成和发展的，是体现民族特质并顺应时代潮流的思想观念、价值取向、精神风貌和社会风尚的总和，是一种对社会发展具有积极影响和推动作用的集体意识。时代精神反映社会进步的发展方向，引领时代的进步潮流，是社会的主旋律和时代的最强音，改革创新是其核心。

（三）实现中国梦与弘扬中国精神

中国精神是兴国强国之魂。实现中国梦，必须弘扬中国精神，以高扬的精神旗帜为指引，以强大的精神支柱为支撑，团结凝聚全体人民的智慧和力量，为实现中国梦而努力奋斗。

1.凝聚中国力量的精神纽带。推进民族复兴的时代伟业，我们必须有万众一心、众志成城的强大精神凝聚力。人民群众是历史发展和社会进步的主体力量。坚持和发展中国特色社会主义、实现中华民族的伟大复兴，最根本的力量在人民，最强大的力量在团结凝聚起来的人民。正如习近平指出的那样："中国要飞得高、跑得快，就得依靠13亿人民的力量。"然而，中国是个多民族国家，各地区发展不平衡，特别是市场经济的发展，使利益分化日益多元化，人们思想同样存在多元化现象。没有强大的精神力量，就会重演中国近代以来四分五裂、一盘散沙的悲剧。而弘扬中国精神，能够将中国人民的智慧和力量汇集成不可战胜的磅礴力量，为实现中华民族伟大复兴的中国梦而努力奋斗。

2.激发创新创造的精神动力。人类经济发展史一再证明"科技是第一生产力"。当今世界，以原子能、电子计算机、空间技术和生物工程的发明和应用为主要标志的第三次科技革命正在兴起，创新正成为推动经济社会发展的原动力，也是维护国家尊严的强大武器。例如，以美国为首的西方势力对我国华为等高科技公司的打压，忌惮的就是我们的科技创新。而我国要想摆脱困境，也只有创新这条路。而且，我们正在从事的中国特色社会主义事业是一项前无古人的创造性事业。那么，实现梦想、应对挑战、创造未来，动力从哪里来？只能从发展中来、从改革中来、从创新中来。所以中国精神作为兴国强国之魂的价值和意义更为凸显。中国共产党是中国精神的弘扬者，带领人民通过改革开放的伟大革命开辟了中国特色社会主义道路，使中国大踏步赶上了时代，为中国梦的实现注入强大的精神力量。

3. 推进复兴伟业的精神定力。人类历史证明，世界上没有一个民族和国家能够照抄照搬别的民族和国家的发展之路，也没有一个民族和国家可以在没有自己精神力量的情况下成就自己的光荣和梦想。所以坚持和发展中国特色社会主义，需要坚定道路自信、理论自信、制度自信、文化自信，需要自己的精神力量。只有自觉弘扬中国精神，增强民族自尊心和自信心，坚定不移走自己的路，才能使全体人民在实现复兴伟业的征途中拥有坚如磐石的精神和信仰力量，不为困难吓倒，不为诱惑所动，不为干扰迷惑，坚定不移把我们的事业不断推向前进，直至光辉的彼岸。

（四）中国共产党是中国精神的引领者、培育者和践行者

1. 中国共产党是时代精神的引领者和培育者。中国共产党自她诞生以来始终高扬改革创新的旗帜，在革命时期，中国共产党把马克思主义的基本原理与中国实际相结合，创造性地开辟了“农村包围城市，武装夺取政权”的革命道路。在社会主义建设时期，中国共产党再次以改革创新的精神探索社会主义建设道路，形成了中国社会主义的正确理论原则和经验总结。在改革开放时期，中国共产党继续发扬改革创新的优良传统，不断推进全面深化改革。在中国共产党的领导下，改革创新的时代精神已经融入中国人民的血液中，成为中国人民的精神风貌。

2. 中国共产党是中华民族重精神的优秀传统的忠实继承者和坚定践行者。在革命、建设、改革各个历史时期，中国共产党都强调要处理好物质和精神的关系，重视发挥人的精神的能动作用。中华民族重精神的优秀传

统得到进一步发扬光大。早在革命战争年代，党就提出“全心全意为人民服务”的根本宗旨，始终强调“人是要有一点精神的”，要做“一个高尚的人，一个纯粹的人，一个有道德的人，一个脱离了低级趣味的人，一个有益于人民的人”。中华人民共和国成立以来特别是改革开放以来，党高度重视精神文明建设，通过加强公民道德建设，开展爱国主义教育、理想信念教育，培育和弘扬民族精神，倡导和践行社会主义核心价值观等，大力提高全体人民的思想追求和精神境界。

习近平强调，民族复兴不仅表现为经济腾飞，更要有中国精神的振奋和彰显。只有物质文明建设和精神文明建设都搞好，国家物质力量和精神力量都增强，全国各族人民物质生活和精神生活都改善，中国特色社会主义事业才能顺利向前推进。在实现中华民族伟大复兴的征程中，必须继承中华民族创造的一切精神财富，不断增强团结一心的精神纽带、自强不息的精神动力，提振全民族的精气神，以朝气蓬勃的精神状态迈向中华民族的光明未来。

二、民族精神

民族精神是一个民族在长期共同生活和社会实践中形成的，为本民族大多数成员所认同的价值取向、思维方式、道德规范、精神气质的总和，是一个民族赖以生存和发展的精神支柱，其核心是爱国主义。

1. 中华民族有爱国主义的传统。爱国主义是千百年来人们在社会实践中形成的对自己的祖国极其忠诚和热爱的深厚情感，中华民族从来就有爱国主义的光荣传统。一部中华民族的发展史，就是一部中华儿女的爱国奋斗史。

有的同学可能会有疑问：中华民族真的有爱国传统吗？为什么在国家

危亡之时会有那么多汉奸？例如，古代的秦桧，抗日战争期间的以汪精卫为首的大批汉奸等。其实民族是个整体，不完全等同于其中的个体。任何一个民族从其个体来说都会有一些出卖民族利益的叛国分子，但一个民族是否具有爱国的传统要看其主流表现，即要看一个民族大多数人所表现出的整体性特征。中华民族中的一些个体叛国、做汉奸，但更多个体是爱国的，即从主流来看中华民族是爱国的。例如，抗日战争时期虽然有很多人追随汪精卫当了汉奸，但更多的中国人却毅然投入到抗日救亡之中，为了驱逐日寇不惜献出生命。正是因为更多的中华儿女有强烈的爱国精神，才让中国历经14年艰苦抗战取得了抗日战争的胜利。所以，从总体来看，中华民族具有爱国主义传统是客观现实。

爱国指是爱自己的同胞、爱祖国的河山和文化。中国人很早就有以天下兴亡、人民安康为己任的家国情怀，有“乐以天下，忧以天下”的忧国忧民精神，有“公而忘私、国而忘家”的报国为民风范。在中国历史上也有“美不美，家乡水；亲不亲，故乡人”这样情系故土的朴实古语，有“遥望中原怀故土，静观落叶总归根”这样心怀祖国、寄情桑梓的深情诗句。有为国家振兴、民族腾飞贡献毕生精力的志士仁人，也有“一身报国有万死”“苟利社稷，死生以之”的民族英雄。在漫长的历史发展过程中，中华民族形成了追求进步、维护民族尊严和国家主权的光荣传统，形成了对外来侵略者无比痛恨、对卖国求荣的民族败类无比鄙视、对爱国志士无比崇敬的宝贵民族性格，形成了中华民族特有的民族精神。

2. 以爱国主义为核心的民族精神的伟大作用。中国人民在长期奋斗中培育、继承、发展起来的伟大民族精神，为中国发展和人类文明进步提供了强大精神动力，表现为伟大创造精神、伟大奋斗精神、伟大团结精神和伟大梦想精神。

伟大创造精神。有的人认为，近代以来科技发明创造几乎都是来自西方，中华民族没有什么创造精神。其实，这是非常错误的观点。从历史来看，中国长期处于科技创新的领先地位。众所周知，大约四千年前，中国连同古印度、古巴比伦、古埃及，就是世界四大文明中心；大约两千到三千年前，中国和古希腊成为世界两大文明中心；而从汉唐直到宋明，中国则是唯一的世界文明中心。直到清末，一方面欧美国家在资本主义制度的催化下，科技创新蓬勃发展；另一方面我国皇权专制日益腐朽，思想自由受到钳制，科技创新动力不足，在近代的科技革命中落伍了。显然，从总体上看中华民族具有伟大的创造精神，诸如老子、孔子、庄子、孟子、墨子、孙子、韩非子等闻名于世的伟大思想巨匠，造纸术、火药、印刷术、指南针等深刻影响人类文明进程的伟大科技成果，诗经、楚辞、汉赋、唐诗、宋词、元曲、明清小说等伟大文学结晶，万里长城、都江堰、大运河、故宫、布达拉宫等气势恢宏的伟大工程，都在中华民族的创造精神中孕育诞生。今天，中国人民的创造精神正在不断发展，推动我国日新月异向前发展，大踏步走在世界前列。

伟大奋斗精神。中华民族有着悠久的奋斗精神。我国的许多神话，如盘古氏开天辟地、女娲补天、后羿射日、精卫填海、愚公移山，还有大禹治水、神农尝百草等，无不体现了中华民族自强不息的奋斗精神。

伟大奋斗精神意味着面对艰难险阻时不屈不挠地探索：近代中国在帝国主义侵略下，国势日衰、民不聊生，中华民族到了濒于危亡的境地。而中华民族凭借顽强的奋斗精神，不断探索救国救民之路，终于推翻帝国主义、封建主义和官僚资本主义的统治，建立了新中国，使中华民族重新走上振兴之路。伟大奋斗精神意味着开拓创新：凭借开拓创新的奋斗精神，中华民族开辟了适合中国国情的革命道路，建立了新中国，探索出了中国特色社会主义道路。伟大奋斗精神意味着牺牲奉献：为中国人所推崇的“先天下之忧而忧，后天下之乐而乐”，是一种舍小家而顾大家的牺牲精神。革命年代无数仁人志士为了国家和民族的复兴抛头颅洒热血，和平时期每个建设者忘我工作，都是中华民族顽强奋斗表现出来的牺牲精神。

习近平指出："中国人民自古就明白，世界上没有坐享其成的好事，要幸福就要奋斗。"今天，中国人民拥有的一切，凝聚着中国人的聪明才智，浸透着中国人的辛勤汗水，蕴涵着中国人的巨大牺牲。正是凭借自强不息的奋斗，中华民族开发和建设了祖国辽阔秀丽的大好河山，开拓了波涛万顷的辽阔海疆，开垦了物产丰富的广袤粮田，治理了桀骜不驯的千百条大江大河，战胜了数不清的自然灾害，建设了星罗棋布的城镇乡村，发展了门类齐全的产业，形成了多姿多彩的生活。

伟大团结精神。有一种观点认为，中国上下五千年时有内乱，所以中国人团结精神不强。那么，该如何看待这种观点呢？

首先，根据马克思主义，任何民族或国家的内部战乱，都是政治、经济、文化、阶级、民族等各种矛盾激化的结果，内战也是利益矛盾不可调和的结果，而不是某个民族或国家的特性，更不是中国人的标签。其次，任何民族或国家在其历史上都会出现内乱和争斗，换言之，内乱不是中国人的专利。再次，中国上下五千年虽然有过战乱、纷争，出现过分裂状态，但总体来说大一统的时间远远多于分裂的时间。对于一个地域广阔的多民族国家来说，五千多年基本上维持统一状态，恰恰证明中华民族具有团结统一的特点。特别是近代以后，在外来侵略寇急祸重的严峻形势下，我国各族人民团结一心、同舟共济，英勇奋斗、浴血奋战，打败了一切穷凶极恶的侵略者，捍卫了民族独立和自由，共同书写了中华民族保卫祖国、抵御外侮的壮丽史诗。今天，中国取得的令世人瞩目的发展成就，更是全国各族人民同心同德、同心同向努力的结果。中国人民从亲身经历中深刻认识到，团结就是力量，团结才能前进，一个四分五裂的国家不可能发展进步。

伟大梦想精神。"在几千年历史长河中，中国人民始终心怀梦想、不懈追求，我们不仅形成了小康生活的理念，而且秉持天下为公的情怀，盘古开天、女娲补天、伏羲画卦、神农尝草、夸父追日、精卫填海、愚公移山等我国古代神话深刻反映了中国人民勇于追求和实现梦想的执着精神。”[①]《诗经》中，有反映奴隶渴望摆脱奴隶主剥削，寻求到“乐土”“乐国”“乐郊”的理想追求。在《礼记》中，孔子描绘了“大道之行也，天下为公”的儒家理想社会即“大同社会”。而近代以后，在西方列强入侵和封建腐败统治的时代背景下，洪秀全提出了“上帝天国梦”的理想社会。孙中山提出“三民主义”的追求。“中国人民相信，山再高，往上攀，总能登顶；路再长，走下去，定能到达。”[②]中国共产党始终秉持艰苦奋斗、勇于追梦的执着精神，带领中国人民在民族复兴的道路上取得了一个又一个辉煌成就，使中华民族伟大复兴的中国梦逐步转化为现实。

三、时代精神

（一）以改革创新为核心的时代精神的内涵

时代精神是一个国家和民族在新的历史条件下形成和发展的，体现民族特质并顺应时代潮流的思想观念、价值取向、精神风貌和社会风尚的总和，是一种对社会发展具有积极影响和推动作用的集体意识。时代精神反映社会进步的发展方向，引领时代的进步潮流，是社会的主旋律和时代的最强音，改革创新是时代精神的核心。

改革是破除社会发展障碍、激发社会发展活力的引擎，创新则是民族进步的灵魂、国家兴旺发达的动力。改革创新精神体现为突破陈规、大胆探索、敢于创造的思想观念，勇于打破与社会和历史发展规律不相吻合的思维方式、行为规范的束缚，从不合实际、不合规律的观念和体制的束缚

①习近平.在十三届全国人民代表大会第一次会议上的讲话[N].人民日报，2018-3-21(02).
②习近平.在十三届全国人民代表大会第一次会议上的讲话[N].人民日报，2018-3-21(02).

中解放出来，从错误和教条式的思想观念中解放出来；体现为不甘落后、奋勇争先、追求进步的责任感和使命感；体现为不满足于取得的成就，躺在历史的功劳簿上自满自足、裹足不前，而是以“落后就会挨打”的危机感和忧患意识自我警醒，以“一万年太久，只争朝夕”的奋发精神和竞争意识自我激励；体现为坚忍不拔、自强不息、锐意进取的精神状态，有“敢啃硬骨头”“敢涉险滩”的闯劲，有“咬定青山不放松”的韧劲，有“生命不息，奋斗不止”的拼劲。

（二）中华民族具有改革创新的传统

中华民族具有改革创新的传统，诸如管仲改革、商鞅变法、王莽改制、孝文帝改革、后周世宗改革、王安石变法、张居正改革、戊戌变法等，改革贯穿于上下五千年的中华文明史。同时，在中华民族五千年生存发展的历程中，大部分时间内创新始终走在前列。

可能有的同学会说：既然中华民族有创新的传统，为什么近代以来的科技发明创造大多源于欧美，而中国长期处以落后的境地？其实造成中国近代创新落后的根本原因是清末统治者奉行了闭关锁国之策，以及皇权专制对人们思想的钳制。中国的统治者为了维护专制制度，竭力封堵欧洲文艺复兴后产生的先进思想，中华大地盛行保守封闭思想，科技发明、创新力量因此落后于欧美。

中国共产党执政以来，带领人民在继承和弘扬伟大民族精神的基础上，立足新的时代条件，赋予中华民族精神以新的时代内涵，形成了以改革创新为核心的时代精神。改革开放进程中涌现的一系列时代楷模和榜样群体，生动地展示着当代中国的时代精神。“雕刻火药的大国工匠”徐立平，在悬崖绝壁上书写精彩传奇的“当代愚公”黄大发，用生命叩响“地球之门”、让中国进入“深地时代”的战略科学家黄大年，勇担民族复兴大任的“天眼巨匠”南仁东，等等，这些代表着当代中国精神高峰的时代楷模，在各自的岗位上心怀大我、至诚报国，书写了当代中国最美的时代华章，体现着中国人民改革创新的精神风貌，成为建设新时代中国特色社会主义、实现中国梦的强大精神动力。

四、爱国主义

在中华民族五千多年绵延发展的历史长河中，爱国主义始终是激昂的主旋律，始终是激励全国各族人民自强不息的强大力量。那么，什么是爱国主义？爱国主义的价值是什么？当代大学生该如何弘扬爱国主义呢？

（一）爱国主义的基本内涵

爱国主义是人们对自己祖国的深厚感情，揭示了个人对祖国的依存关系，是人们对自己家园以及民族和文化的归属感、认同感、尊严感与荣誉感的统一，是中华民族精神的核心。爱国是每个人都应当自觉履行的责任和义务，是对祖国的报答。爱国主义的主要内容包括：爱祖国的大好河山、爱自己的骨肉同胞、爱祖国的灿烂文化和爱自己的国家。

爱祖国的大好河山就是要把祖国的河山放在至高无上的地位。它意味着首先要欣赏祖国的大好河山，爱自己的家乡。其次爱祖国的河山意味着保护祖国的河山，为此要保护环境，不污染环境。再次爱祖国的河山意味着保卫祖国的河山，当外敌入侵时，能够勇于反抗，甚至不惜牺牲自己的生命。

爱自己的骨肉同胞反映的是对整个民族利益共同体的自觉认同，它有以下内涵：一是在情感上要有对自己同胞的亲近感。二是自觉维护同胞利益，当自己的同胞受难时，会同情并伸出援助之手，当同胞受到不公正对待时，能勇于发声。三是爱骨肉同胞，对同胞感情的深浅程度，是检验一个人对祖国忠诚程度的试金石。爱自己的骨肉同胞，最主要的是培养对同胞的深厚感情。

文化是一个国家、一个民族的灵魂，文化传统常常被称为国家和民族的胎记，是一个国家民族得以延续的精神基因，是培养民族心理、民族个性、民族精神的摇篮，是民族凝聚力的重要基础。爱祖国的灿烂文化是指对自己民族的价值观具有认同感、崇敬感，能自觉维护自己民族价值观的尊严。所以爱祖国的灿烂文化首先要认真学习和真正了解祖国的历史。其次要在充分理解和尊重的基础上，对传统价值观进行深入分析，结合时代要求传承和发展那些优良历史文化传统。再次要自觉维护自己民族文化的尊严，当祖国文化遭到外国的污蔑、蔑视和嘲笑时，要勇于正本清源，进行反击。最后要尽力弘扬祖国的文化，让自己民族的价值观能够被其他国家和民族认知、理解、认同和尊重。

从国家构成的要素来说，除了领土、人民、文化之外，还包括政府、制度、法律等。所以这里爱自己的国家就是要拥护国家的基本制度，遵守国家的宪法法律，维护国家安全和统一，捍卫国家的利益，为国家繁荣发展贡献自己的力量。当然，就政府、制度、法律来说有性质上的区别，即有好坏之分。一个坏政府往往会权力私用，其统治者为了维护一己之私或小集团利益，不惜侵害公共利益，甚至出卖国家和民族利益，其建立的制度、制定的法律也成为统治者攫取私利和侵害民众利益的工具。例如，晚清政府就是一个腐朽政府的典型，面对帝国主义的侵略和掠夺步步退让，而对本国民众则残酷剥削和压榨，导致丧权辱国、民不聊生，甚至提出“量中华之物力，结与国之欢心”的荒谬卖国主张。这样的政府无法保卫国家领土安全，不能保护国家和民族利益，推翻这样的政府恰恰是爱国的体现，所以孙中山等革命者不仅不是叛国者，恰恰是爱国者。

中华人民共和国建立之后，中国共产党以人民利益为宗旨，建立社会主义制度，实现人民民主，努力发展经济，经过70多年艰苦卓绝的奋斗，国家实现了初步的繁荣富强，中华民族到了伟大复兴的前夜。所以爱这样的政府、制度和法律就是爱国的体现。

（二）爱国主义的主要作用

1.中华民族继往开来的精神支柱。中华民族之所以能够在几千年的历史长河中生生不息，继往开来，就是有着深厚持久的爱国主义传统。首先，爱国主义使中华民族具有抵御外国侵略、捍卫国土完整和民族尊严的坚强意志。毛泽东同志说过："我们中华民族有同自己的敌人血战到底的气概，有在自力更生的基础上光复旧物的决心，有自立于世界民族之林的能力。"[①]从元末到明朝中期，倭寇在中国东南沿海不断地侵扰和掠夺，十六岁的戚继光就慷慨赋诗："封侯非我愿，但愿海波平"，表达了他立志保卫海防，平定倭寇的远大抱负。他担任军事将领后，以"杀贼保卫"相号召，组成了一支以农民和矿工为主体的新军。这支军队在广大人民的支持下，英勇善战，转战浙江、福建、广东，九战九捷，取得了平定东南沿海倭寇的决定胜利，为保卫祖国海江立下了卓著功勋。明末清初，在郑成功的率领下，东南沿海和台湾人民勇于反抗葡萄牙、西班牙、荷兰等西方殖民的侵略，并收复荷兰殖民主义者侵占的台湾。17世纪中期，中国人民抗击了侵略成性的沙皇俄国，维护了祖国领土的完整和中华民族的尊严。1840年之后，面对帝国主义列强的侵略，一代又一代的中国人为了挽救民族危亡，前赴后继，不惜牺牲自己的生命，经过百年的抗争，终于在1949年建立了新中国，实现了国家的统一和民族的完全独立。

其次，爱国主义使中华民族具有反对民族压迫和国家分裂、维护民族团结和国家统一的坚强意志。毛泽东同志说："中华民族的各族人民都反对外来民族的压迫，都要用反抗的手段解除这种压迫，他们赞成平等的联合，而不赞成互相压迫。在中华民族的几千年的历史中，产生了很多的民族英

①毛泽东选集：第1卷[M].北京：人民出版社，1991：161.

雄和革命领袖。”[①]所谓“民族压迫”，一方面是指整个中华民族受到外国民族压迫，如西方殖民势力东来后，帝国主义列强对中国的侵略和奴役；另一方面是指国内各兄弟民族之间的分裂和融合斗争过程中所产生的“民族压迫”，属于国内民族矛盾范围，与中华民族和外国帝国主义的矛盾有着本质上的区别。但不管哪种“民族压迫”都为中华民族所不容，并且在长期的斗争中塑造了中华民族不畏强权、维护正义的民族性格。因此人民在反对民族压迫过程中会站在正义战争一边，反对民族压迫和军事掠夺，客观上阻止了社会倒退，不仅符合本民族人民的利益，也符合整个中华民族的利益。

再次，爱国主义使中华民族具有反对统治者昏庸腐败、推动历史和社会进步的伟大精神。爱国内在地包含着爱自己同胞的意涵，而统治者的昏庸腐败必然侵害国民利益，导致社会动荡、民不聊生。所以反对统治者昏庸腐败、推动历史和社会进步是爱国主义的必然体现，进而形成了不畏强权、推动历史和社会进步的伟大精神。正如鲁迅在《中国人失掉自信力了吗?》一文中所说：“我国自古以来，就有埋头苦干的人，有拼命硬干的人，有为民请命的人，有舍身求法的人，……虽是等于为帝王将相作家谱的所谓‘正史，也往往掩不住他们的光辉，这就是中国的脊梁。”

2.维护祖国统一和民族团结的纽带。我国历史上的民族关系既有互相敌对和战争的一面，又有友好往来和互相融合的一面。正是各民族的友好往来和汉族先进的经济文化对少数民族影响和吸引，使得各民族的人民在长期发展过程中形成了一股强大的凝聚力和向心力，从而缔造了伟大的中华民族大家庭。一旦发生分裂，各民族和社会各方面的爱国力量就会为更快结束这种不幸的局面而进行不懈的斗争。所以几千年来中华民族一贯具有反对分裂、维护统一的爱国光荣传统，从公元前221年秦始皇统一全国算起，到1840年鸦片战争爆发前的两千多年的时间里，祖国统一时间将近

①毛泽东选集：第2卷[M].北京：人民出版社，1991：623.

占了三分之二，而分裂时间只不过稍多于三分之一。人心思定，人心思治，统一一直是历史的主流，分裂只是支流。每当祖国处于分裂战乱之际，一些远见卓识的志士仁人，就会以祖国统一大业为己任，鞠躬尽瘁，死而后已。

3.实现中华民族伟大复兴的动力。中国是个多民族的大国，各地区发展极不平衡，各阶级、各民族、各阶层，由于经济、政治地位的差异导致价值观有很大不同。要统一人们的价值观，爱国主义是最普世的。因为弘扬新时代的爱国主义，不仅能团结全体社会主义劳动者、社会主义事业的建设者，还能团结那些拥护社会主义的爱国者、拥护祖国统一和致力于中华民族伟大复兴的爱国者，汇集起实现中国梦的磅礴力量。

4.推动经济发展。关于爱国主义对经济发展的推动，可以先看一下民生公司的发展事例。

民生公司，这个由爱国实业家卢作孚创办的航运公司，一无资金优势，二无外资背景，开创时规模极小，仅靠借款定造70.6吨的浅水小客轮1艘，在不到20年的时间中，发展到共有江海轮148艘，吨位6万多吨，资本增长到上亿元，职工由十几人增长到8000多人，航线从嘉陵江延伸到整个长江，进而向海洋发展，开辟南北洋航线。同时民生公司还在长江全线和沿海港口及香港设立了分支机构，在国外的河内、纽约、魁北克等地设立办事处。它在资金、纯收益、人数、船舶艘数、船舶吨位数以及硬航线的延伸方面，都遥遥领先于其他航运公司，成为中国航运界名副其实的龙头企业，也打破了原先外资航运企业对中国的渗透和控制。

是什么成就了民生公司的奇迹呢？那就是爱国主义和以爱国主义为核心的民族精神。首先卢作孚就是抱着实业救国的想法创办航运公司的。他把爱国、勤劳、自强不息等民族精神作为企业文化，凝聚公司员工的力量。他指出："在航业工作，便是救国的企图"。提出用创建先进的现代化的民族航运业，与帝国主义的航运势力相抗衡，不仅要把外国轮船赶出长江，收回内河航行权，而且要使中国迎头赶上工业发达国家，甚至跑到它们的前面去。公司把爱国宣传活动同企业的活动密切联系起来：在公司的船舶舱室和职工宿舍的茶具、卧单上，到处印有“作息均有人群至乐，梦寐毋忘国家大难”之类的口号，号召职工关心国家危亡。

其次，在爱国主义的感召下，民生公司的员工不计个人得失地忘我工作，公司工作效率很高。

再次，面对国家危亡，具有爱国主义传统的中国人也迫切希望中国自己的实业能够崛起，因而需要乘坐轮船或运货时，尽量用民生公司的船。甚至外国航运公司在条件和票价方面优于民生公司时，广大的中国人依然选择民生公司。他们不坐不要船票的外国船，不稀罕漂亮的阳伞，却坚决要坐民生公司的船。许多旅客，宁肯在旅馆住下等几天，也要等到民生公司的船才坐。一些爱国的商人，也在这一极端困难的时刻，不去占外国船低运费的便宜，将他们的货物交给民生公司的轮船运输，以行动支持了民生公司。

上述事例说明爱国主义在振兴民族经济方面有巨大力量。实际上，在近代中国民族危机加深之际，一大批爱国人士抱着实业救国的理念投身民族工业建设之中，在广大爱国人民群众的支持下，自强不息、团结勤劳、锐意进取，最终成就了一批知名企业。而许多落后国家在赶超先进国家的过程中，爱国主义精神都起了非常大的作用。如韩国汽车，在刚起步之时，就是靠着本国国民的支持而逐渐成长成熟起来的。至今，印度人还是以购买并不先进的国产汽车为荣。在新时期，振兴我国实业，发展中国品牌，同样需要发扬爱国主义精神。

5.个人实现人生价值的力量源泉。首先，可以扩展实现人生价值的路径。具有爱国主义情操的人能够把自己的利益同国家和民族利益相统一，在自己实现人生价值的过程中为国家和民族做出贡献，因此其利益追求与广大人民群众的利益追求相一致，与国家和社会的要求相一致。所以他的奋斗不仅为国家和民族所允许，而且为人民群众所支持，因此其人生价值的实现途径无比宽广。其次，实现人生价值的意志坚定。具有爱国主义思想的人会把国家和民族的利益放在第一位，在国家和民族利益感召下会有战胜困难的决心，面对实现人生价值过程中的各种艰难险阻，能够一往直前，达到预期目标。再次，实现人生价值的条件优越。任何人要实现人生价值，不仅需要相应的主观条件，诸如必要的知识、技能、道德品质、良好的心理素质等，更需要相应的客观条件，例如国家法律政策的许可、鼓励、导向等。具有爱国主义情感的人处处以国家和民族利益为根本，其人生价值必然为国家法律政策所许可、鼓励和倡导，因此会获得优越的人生价值实现条件，尤其是客观条件。

（三）新时代爱国主义的基本要求

爱国主义思想是属于历史范畴的，在不同时代其内涵不完全一致，随着历史发展而不断丰富和发展。在我国古代，爱国主义往往和维护民族利益与忠君思想结合在一起，在近代爱国主义又与反封建、反侵略、争取民主、自由、平等结合在一起。在当今中国即新时期，爱国主义又与建设有中国特色的社会主义事业结合在一起。其基本要求是：坚持爱国主义和社会主义相统一、维护祖国统一和民族团结、尊重和传承中华民族历史和文化、坚持立足民族又面向世界。

1. 坚持爱国主义和社会主义相统一。近代以来，我国爱国主义始终围绕着实现民族富强、人民幸福而发展。1840 年以后由于帝国主义列强的侵略，中国领土被侵占，国家四分五裂，主权流失，国外侵略势力在中国为所欲为，中国人民生活在水深火热之中。面对中华民族遭受的灾难，无数中国人在爱国主义的感召下，勇于奋起，力求实现中华民族伟大复兴。然而无论是专制主义下的洋务运动、维新变法，还是资产阶级民主共和道路，都不能改变中华民族的命运，民族危亡日益深重。1949 年之后中国共产党领导中国人民建立了社会主义制度，经过近70余年的发展，出现了经济繁荣、国家强盛、人民幸福、社会和谐的状态，国家地位在世界上空前提高，中国人民比任何时期都更接近中华民族伟大复兴的目标。历史和现实都证明：祖国的命运和党的命运、社会主义的命运是密不可分的。社会主义制度的建立，为中国的繁荣发展提供了可靠的保障。社会主义在中国不是一句空洞的口号，而是集中代表着、体现着、实现着国家、民族和人民的根本利益。而中国共产党是中国特色社会主义的缔造者和领导核心。“没有共产党就没有新中国”，这是中国的历史和现实所昭示的真理。中国共产党的历史就是一部为实现民族独立和人民解放，为实现中华民族伟大复兴而奋斗的历史。所以爱国和爱党、爱社会主义具有内在的统一性，这是当代中国爱国主义精神最重要的体现。

2.维护祖国统一和民族团结。我国是个多民族国家，各民族共同保护了祖国的锦绣河山，共同创造了悠久的历史、灿烂的文化，造就了我国各民族在分布上的交错杂居、文化上的兼收并蓄、经济上的相互依存、情感上的相互亲近，形成了你中有我、我中有你、谁也离不开谁的多元一体格局。回顾我国历史可以发现：每当国家统一、民族团结的时候，国家就会呈现出强盛之势，领土完整就能得到保障，人民就能安居乐业，我国的文化也能得到弘扬，民族就会有尊严，出现“治世”“盛世”。反之，每当国家分裂、民族争斗之时，就会出现民不聊生、文化衰微之局面。因此，弘扬爱国主义就必须维护祖国统一和民族团结。为此，一方面不做不利于国家统一和民族团结的事，另一方面要坚决地同危害国家统一和民族团结的现象作斗争。在新时代，要旗帜鲜明地反对台独、疆独、藏独、港独等分裂势力，反对国际反华势力对我国的干涉、渗透。

3.尊重和传承中华民族历史和文化。一般来说，民族文化是一个民族在长期共同生产生活实践中创造出来的，是全民族共同的思想观念和价值追求。它是民族的灵魂，也是维系民族生存的精神纽带，是该民族生存发展的精神根基，也是经济社会发展的精神导向。一个民族即使被外族入侵、统治，只要其文化不灭，民族精神就不会倒，就有机会重新奋起。反之，如果一个民族的文化消失了，这个民族必将覆灭。当今世界，文化的竞争日益激烈，以美国为代表的西方文化处于强势地位，弘扬中华文化尤为迫切。因为一旦中国人民完全接受以美国为代表的西方文化，就会不自觉地认同美国的思想观念和行为方式，必然不能有效维护自己民族和国家的利益。例如，那些港独、台独分子，他们不以分裂国家为耻，反而以做“洋奴”为荣，从思想根源上来看，就是盲目崇拜以美国为代表的西方文化，轻视甚至鄙视自己的民族文化所致。换言之，他们已经是思想观念美国化、西方化的人。

所以对祖国悠久历史、深厚文化的理解和接受，是人们爱国主义情感培育和发展的重要条件，是把爱国主义落到实处的必然要求。中华优秀传统文化是中华民族的精神命脉，其中蕴涵着中华民族世世代代形成和积累的思想营养和实践智慧，是中华民族得以延续的文化基因，也是我们在世界文化激荡中站稳脚跟的根基。因此大学生不仅要积极学习中华民族历史，更要深刻理解和认同中华民族的文化观念，增强对中华文化的自信心和荣誉感。同时，要自觉同那些贬低中华文化的观念和行为作斗争。例如，一些人打着所谓“重评历史”的幌子，否定近现代中国革命历史、党的历史和中华人民共和国历史，抹黑英雄，诋毁革命领袖，就是否定中华文化的具体体现，其根本目的就是混淆视听、扰乱人心，从根本上否定马克思主义指导地位和中国走向社会主义的历史必然性，否定中国共产党的领导。

4.必须坚持立足民族又面向世界。所谓“立足民族”是指国家发展要根据自己的国情，走适合自己的发展道路，坚决维护国家和民族利益。如今，经济全球化是世界经济发展的趋势。但经济全球化不等于全球政治、文化一体化。国家仍然是民族存在的最高组织形式，是国际社会活动中的独立主体。每个人都需要国家的保护，每个国家都有自己的国家利益，这就需要爱国主义的支撑。西方一些人极力鼓吹政治一体化和文化一体化，甚至提出“为价值观而战”的谬论，实质上就是企图将本国的政治制度和价值观念推行到全世界，损害别国的主权和尊严，构建和维护自己国家的霸权。因此，弘扬爱国主义首先就要立足民族，坚持四个自信，自觉抵制国际反华势力对我国发展道路的攻击和污蔑，坚决维护国家的主权和尊严。

所谓“面向世界”是指国家发展不能闭关自守，而是要积极对外开放，参加国际交流与合作。经济全球化的发展早已形成“你中有我、我中有你”的格局，任何国家都不可能关起门搞建设，都必从国际市场获得发展所必需的资金、技术、市场等。改革开放的历程证明：中国的命运与世界的命运紧密相关。因此，坚持新时代的爱国主义，要求我们正确处理好立足民族与面向世界的辩证统一关系。习近平致力倡导的“人类命运共同体”，就是正确处理这种辩证关系的体现。

一方面，由于经济全球化的发展和科技的进步，当今各国人民交往日益密切，世界真正成了“地球村”，世界各国越来越成为“你中有我，我中有你”的命运共同体。同时，一些人类面临的共同问题，如气候变暖、流行病控制等，不是个别或少数国家能解决的，需要人类共同应对。另一方面，国际交往不能恃强凌弱，不能搞霸权主义和强权政治，应该积极倡导求同存异、交流互鉴、合作共赢的理念，不同的国家要尊重各国的历史特点、文化传统、发展道路，从不同文明中寻求智慧、汲取营养，共同建设一个持久和平、普遍安全、共同繁荣、开放包容、清洁美丽的世界。所以人类命运共同体意味着，各国通过积极合作追求本国利益的同时，要兼顾他国合理关切，在谋求本国发展中促进各国共同发展。显然，构建人类命运共同体的理念，源于中国，属于世界，体现了中华文化协和万邦、热爱和平的优秀传统，也体现了正确处理“立足民族”与“面向世界”这一含有辩证关系的爱国主义。

五、国家安全意识

（一）国家安全观的历史变迁

国家安全是指一个国家不受内部和外部的威胁、破坏而保持稳定有序的状态。自有国家以后，就存在国家安全问题。中国古代国家安全思想主要集中于治国安邦的战略思想、军事理论和王朝实践中，涉及政治、经济、文化、民族、军事、外交等多领域。

在治国安邦战略思想方面，主要奉行以民为本、富国强兵、居安思危、以和为贵和天下大同等理念，为总体国家安全观的形成提供了丰富的思想源流和深厚的文化底蕴。其中的民本思想是中国优秀传统文化中治国思想的精髓，也是处理国家安全问题的思想基础。《尚书》中记载“民为邦本，本固邦宁”。孟子主张“民为贵，社稷次之，君为轻”的仁政思想，唐太宗李世民也曾告诫其子：“舟所以比人君，水所以比黎庶，水能载舟，亦能覆舟。”治国之道重在体察民情。古代民本思想的众多论述体现了人民在治国安邦中的重要作用与地位，只有重民、亲民、爱民，国家才能有安定的内部环境并不断发展。而且处理国家安全问题要“居安思危”，《周易·系辞下》中云：“是故君子安而不忘危，存而不忘亡，治而不忘乱，是以身安而国家可保也。”《左传·襄公十一年》也提到“居安思危，思则有备，有备无患”，随时为国家安全做万全防备。

在军事理论方面，提倡“以人为本”的战争观。《司马法·仁本第一》开宗明义：“古者，以仁为本，以义治为正。正不获意则权。”认为“仁”才能凝聚战斗力，是赢得战争的基础。《孙子兵法》指出：“兵者，国之大事，死生之地，存亡之道，不可不察也。”在战争原则方面要求“师出有名”，认为“得道多助，失道寡助”。显然，中国古代军事理论认为为了实现国家安全，不能随意发动战争，而要尽力争取和平，而且要为正义而战。

在治国实践方面，奉行“轻徭薄赋”“参听民氓”“顺应民心”“不夺农时”“设置义仓”“救灾备荒”“爱惜民力”“去掉奢逸”“熄灭边战”“兴修水利”等。

中国共产党在处理国家安全方面，充分继承和发扬了中华优秀传统文化中仍具有时代价值和现实意义的国家安全思想。新中国成立之后，毛泽东基于国情和国际形势的发展变化，把巩固新生的社会主义政权、坚决维护国家主权独立和领土完整作为国家安全的首要任务。1949年6月15日毛泽东在新政协筹备会议上指出：“中国必须独立，中国必须解放，中国的事情必须由中国人民自己作主张，自己来处理，不容许任何帝国主义国家再有一丝一毫的干涉。”[①]他告诫全党同志要高度警惕战争危险，不断加强国防建设，实施“积极防御”的战略，建立独立、完整的国防工业体系，同时依靠人民群众大力加强民兵和后备力量建设。同时，毛泽东高度重视意识形态安全，强调要防止西方的“和平演变”。显然，毛泽东时代的国家安全观主要是传统国家安全，包括政治安全、军事安全和意识形态安全。

改革开放之后，邓小平提出“一个中心、两个基本点”的发展路线，主张把工作重心转移到经济建设上来，通过经济建设，夯实维护国家安全的物质基础。在政治上坚持四项基本原则，强调要坚持走社会主义道路，把改革作为完善社会主义制度的一种手段，而不是放弃社会主义制度。在意识形态方面要坚持马克思主义指导，反对西方的“和平演变”。在外交方面坚持以国家利益为中心，不以社会制度、意识形态和政治制度论亲疏远近，在国际问题上，支持在联合国框架下积极开展各种国际活动，坚决反对霸权主义和强权政治，提倡建立国际政治经济新秩序。在国防建设方面，裁剪军队员额并加强纪律性建设，同时注重提高军队的现代化建设。由此

①毛泽东选集：第4卷[M].北京：人民出版社，1991：1465.

可见，这一时期我国维护国家安全的理论从注重国防，转向注重影响国内经济社会发展的全面安全因素，是以经济建设为中心的综合国家安全观。

20世纪90年代以江泽民同志为核心的党中央领导集体，提出了新的国家安全观。他指出："国际社会应树立以互信、互利、平等、协作为核心的新安全观，努力营造长期稳定、安全可靠的国际和平环境"。①在党的十六大报告中，江泽民同志指出，"传统安全威胁和非传统安全威胁的因素相互交织，恐怖主义危害上升。"②面对这种情况，他开始积极实施应对非传统安全的政策与国际合作。而以胡锦涛同志为领导的党中央领导集体则提出以人为本的科学发展观，并以此为指导提出构建和谐世界的国家安全观。

进入新时代，习近平根据国内国际发展的新态势，提出了总体国家安全观。所谓总体国家安全观就是把国家安全视为一个巨大复杂的体系。习近平指出，当前我国国家安全内涵和外延比历史上任何时候都要丰富，时空领域比历史上任何时候都要宽广，内外因素比历史上任何时候都要复杂，必须既重视外部安全，又重视内部安全；既重视国土安全，又重视国民安全；既重视传统安全，又重视非传统安全。它是集政治安全、国土安全、军事安全、经济安全、文化安全、社会安全、科技安全、信息安全、生态安全、资源安全、核安全等于一体的国家安全体系。总体国家安全观实质上可以概括为一个五位一体的有机整体：人民安全是宗旨、政治安全是根本，经济安全是基础，军事安全、文化安全、社会安全是保障，国际安全是依托。其中人民安全是指坚持以民为本，保证国家的长治久安；政治安全是指坚持党的领导地位不动摇，团结并带领各族人民建设中国特色社会主义；经济安全是指以经济建设为中心，把发展作为最大的安全；军事安全、文化安全、社会安全是指要创建中国特色军事力量体系、提升中国的

①江泽民.在庆祝中国共产党成立八十周年大会上的讲话[J].求是，2001(13)：17.

②江泽民.全面建设小康社会开创中国特色社会主义事业新局面——在中国共产党第十六次全国代表大会上的报告[J].求是，2002(22)：16.

文化软实力、建立科学有效的社会治理机制，确保国内各领域的安定有序；国际安全是指要突破“零和博弈”思维，倡导普遍安全、平等安全、包容安全、合作安全理念，着力打造人类命运共同体。

（二）我国总体国家安全面临的形势

对照总体国家安全的要求，我国的国家安全面临的形势是严峻的：

1.国防安全。强大的国防是国家生存与发展的安全保障。中华人民共和国建立以来，在中国共产党领导下，我国国防建设突飞猛进，国防力量空前强大，完全有能力保障国家的领土、主权及社会安全。然而，我国邻国众多，历史遗留的领土、文化以及民族矛盾时有激化；恐怖主义、分裂势力和极端主义势力蠢蠢欲动；以美国为首的反华势力时刻不忘颠覆我国的社会主义制度，利用一切手段对我国进行军事威胁。而我国的国防科技、武器装备等与发达国家尤其是美国还有很大差距，所以我国的军事安全形势依然严峻。

我国的国防是全民国防。我国宪法明确规定，保卫祖国、抵抗侵略是中华人民共和国每一个公民的神圣职责。大学生既是社会主义现代化建设的有用人才，也是国防建设的后备人才，必须具有很强的国防观念和忧患意识，自觉接受国防和军事方面的教育训练，关心国防、了解国防、热爱国防、投身国防，积极履行国防义务，成为既能建设祖国、又能保卫祖国的优秀人才。

2.经济安全。经济安全是国家安全的基础，包括金融安全、资源安全、产业安全等，主要表现在两个方面：一是指国内经济安全，即一国经济处于稳定、均衡和持续发展的正常状态；二是指在国际上经济发展所依赖的国外资源和市场的稳定与持续发展，免于供给中断或价格剧烈波动而产生的突然打击。改革开放以来，我国经济持续快速发展，质量和效益不断提高，总的来说经济是安全的。但也应该看到，国内外经济发展的风险时刻存在，甚至还有越演越烈之势：一是资源安全形势严峻。目前我国很多自然资源都需要进口，而且进口量巨大，对国外依赖程度较高，二是商品流通渠道受制于人。中国的商品流通渠道主要有以下几条：中国——太平洋——北美；中国——太平洋——南美巴拿马运河——大西洋——非洲；中国——南海、马六甲海峡——印度洋——非洲。而这几条商品流通渠道均被西方发达国家尤其是美国控制着，所以商品流通安全问题一直存在。三是民族品牌安全受到威胁。改革开放之后，尤其是经济全球化的发展，使我国的民族品牌不断消失。而民族品牌不强只能让一个国家从事利润最低的商品生产环节，国家的经济发展就会受制于人。大学生将来是国家经济建设的主力军，肩负科技创新、振兴经济的重任，必须刻苦学习，增强本领。

3.文化安全。"国家文化安全是国家安全的文化形态，指国家文化生存与发展免于威胁或危险的状态。"①中华文化是中华民族的血脉，是人民的精神家园，是维系中华民族大团结大繁荣的精神纽带，是实现中华民族伟大复兴的题中应有之义。文化安全是国家安全的子系统，是国家安全的重要保障，主要包括意识形态安全、民族文化安全、文化资源安全、文化制度安全等内容，但无论哪种安全形势都围绕着两个核心概念——国家文化利益和国家文化主权展开。近代以来，随着西方经济、科技的进步，西方文化逐渐成为世界的强势文化。而我国近代的落后、挨打，也让中国传统文化在世界的影响力趋于下降。中华人民共和国成立后，尤其是改革开放以来，中国文化建设在马克思主义指导下取得了令人瞩目的成就。但不可否认，以美国为首的西方文化依然是当今世界的主流文化，我国文化的影响力依然相对虚弱，甚至有些国民盲目崇拜西方思想观念、政治经济制度，模仿西方的生活方式，所以维护我国的文化安全依然任重道远。

维护国家文化安全，必须坚持社会主义先进文化前进方向，坚持以人

①胡惠林.国家文化安全学[M].北京：清华大学出版社，2016：27.

民为中心的工作导向，坚定文化自信，增强文化自觉，加快文化改革发展，加强社会主义精神文明建设，建设社会主义文化强国。大学生要增强文化安全意识，一是要增强文化自信，继承好中华传统优秀文化，做好中国传统文化传播，讲好中国故事；二是促进马克思主义与中华传统优秀文化的融合；三是积极吸收借鉴其他国家和民族文化中的先进成分；四是要时刻警惕西方尤其是美国强势文化侵略，坚决反对奉行霸权主义和强权政治的国家对我国文化观念和文化制度的歪曲、污蔑和攻击。

4.科技安全。科技安全事关国家安全，其定义尚不统一，一般来说有狭义和广义之分：狭义的科技安全是指，在一定的社会环境下，一个国家的科学技术系统运行良好并不断完善，科学技术健康发展，科学技术能够有力地支撑和保障国家综合安全，能够有效地应对来自内部和外部的威胁，维护国家利益的状态。广义的科技安全是指，在一定的社会环境条件下，特别是国际大环境中，以国家价值准则为依据的对科技系统与相关系统相互作用所决定的国家安全态势的一种动态描述。

科技安全受到的威胁源于两个方面，一是敌对势力蓄意所为，诸如敌对势力的科技封锁、阻挠、制裁等；二是科学技术自身在为人类造福的同时，也可能产生一定的甚至是严重的负面影响。维护国家科技安全最终还是要靠科技实力，确保科技安全的根本在于发展科技，提高国家的科技安全水平。目前中国科技安全面临着严峻考验，其主要表现在于：

（1）中国科技综合实力相对不强。科学技术发展对于一个民族或国家的安全，有着至关重要的影响，古今中外概莫能外。虽然当今中国的科技水平与过去相比已经有了极大的进步，但与西方发达国家相比，总体水平仍然处于较为落后态势。一是科技发展水平明显落后于西方发达国家。按照科技水平层次划分，美国是“科技核心国家”，德国、英国、日本为“科技强国”，法国、意大利、加拿大、俄罗斯为“科技大国”，中国和印度、巴西为“科技边缘国”，最后一个层次是“科技不发达国家”。可见中国科技安全将受到发达国家先进科学技术的长期挑战。

（2）科技自主原创能力不强。改革开放以来，我国更多倾向于低端制造业，很少掌握核心技术。面对自主创新能力如此严峻的态势，欲靠科技发展“支撑经济社会全面发展”已很勉强，需要年轻一代在科技领域不断努力。

（3）缺乏像美国那样世界顶尖级的领军人才和机构。美国是当今世界科技实力最强的国家，处于第一阶梯，而且这一级内的国家只有美国。迄今为止，美国共有300多名诺贝尔奖获得者，居世界各国之首，尤其是自20世纪80年代以来，在自然科学领域（物理、化学、生物、医学），美国获诺贝尔奖人数的数量远超世界其他国家的总和。如今，美国的大学汇集了全球70%以上的诺贝尔奖获得者，50%以上的菲尔兹奖获得者，在计算机科学领域，图灵奖几乎被美国人垄断。在全球最顶尖的20所大学中，按科学贡献度计算，美国占了17所（自然科学领域）。从麻省理工到加州理工，培养了全世界最好的工程师和最顶尖的科学家。全球十大科技顶尖公司，美国占据了八家。英特尔向全世界提供芯片，微软和甲骨文公司占据了软件业的基础市场，从百度到腾讯再到中国很多领域，都使用甲骨文提供的数据库软件和技术。世界三大统计分析软件都源自美国，被广泛应用于政府统计和科学研究。自20世纪90年代以来，全世界90%以上的应用科技创新，都离不开硅谷的技术支持，背后都有硅谷的影子。美国拥有全球最顶尖的实验室，科技人才辈出。

（4）科技资源安全面临挑战。科技资源代表了国家科技发展的潜力和未来，如果科技资源受到严重破坏（如科技人才大量外流、科技信息大量泄密），将直接影响到科技实力，影响到国民经济和社会发展，影响到国家安全的各个要素。目前我国科技资源安全面临的挑战如下：一是科技智力资源安全形势严峻，主要表现为科技人才流失严重。因此保护科技人才安全已经成为维护国家科技安全的重要内容。二是科技人才结构不尽合理，尤其是企业缺乏高水平的科研人员，产业人才结构性失衡，区域人才分布不平衡。从素质结构看，我国中低级人才比例较大，高级别、复合型人才短缺，特别是高新技术、高级经营管理人才缺乏，例如每年至少有20万软件人才缺口，并且这个缺口还在以每年20%左右的速度增长。从行业分布看，我国人才主要聚集在国有部门、政府机关和事业单位，非国有部门、企业人才不足。从区域结构看，东、中部地区人才多，西部地区人才少。另外，从年龄层次上看，中高级技能人才老化现象严重，高级工程师、高级技师和高级技能人员的缺乏程度已经影响到国民经济的顺利发展。高级技工已经成为目前我国装备制造业奇缺的关键性人才之一。三是科技情报保密不力，严重威胁国家安全。当前我国科技情报保密方面的问题主要有：对科技保密认识模糊，保密观念薄弱；科技保密有效管理机制和保密体系不健全，保密机构职能未能充分发挥；国家科技保密工作的重点不突出；科技人员流动无序，保密法律约束力不强。

（5）科技环境安全处于不利态势。我国科技环境面临的安全形势严峻，主要表现在如下几方面：一是西方发达国家对我国进行技术遏制。尽管我国已经加入WTO，但是出于国家之间竞争的需要乃至于意识形态的分歧，以美国为代表的发达国家仍然把我国作为“假想敌”和“竞争对手”，对我国实行技术遏制，限制我国以技术手段提高国家综合国力和国际竞争能力。二是西方发达国家利用其科技优势推行霸权。西方发达国家利用其科技上的主导地位，不断加强其原本就具有的科技优势，并以此推行政治、经济、文化霸权，危及了我国的科技安全，导致了我国科技安全的长期不利态势。

（6）国防科技安全形势严峻。在经济全球化催动下，围绕军事安全展开的高科技武器的角逐与较量越发激烈，使得现代战争向信息化战争转变，也使我国军事安全受到挑战。在信息技术方面，我国使用的关键性设备、软件、芯片等大多是从发达资本主义国家尤其是从美国进口，这些国家可以利用上述设备、软件、芯片等监控我们的信息。而且大多数国民的信息安全意识尚不强，更使我国的信息安全受到极大威胁。在空间技术方面，虽然我国的空间技术已经取得了巨大进步，但与美、俄等发达国家相比尚有较大差距，特别是在军事航天技术方面差距更大。在海洋科技方面，海洋科技人才队伍弱小，海洋科技研究培训单位还比较少，海上国防科学技术水平还比较低，难以满足尽快建立强大的人民海军的需要。在生物科技方面，我们必须从战略高度重视生物科技安全，形成监测、评估、抵御基因武器袭击，以及对生物科技突发事件的应急能力，确保国家安全、人民健康、社会稳定和经济发展。

5. 生态安全。“国家生态安全是指一国生态环境能够适应国家经济和社会发展需要的状态。”[①]实现生态安全主要是保持土地、水源、天然林、地下矿产、动植物种质资源、大气等自然资源的永续利用，使生态环境能够有利于经济增长，有利于经济活动中效率的提高，有利于人民健康状况改善和生活质量的提高，避免因自然资源衰竭、资源生产率下降、环境污染给社会生活和生产造成的短期灾害和长期不利影响，实现经济社会的可持续发展。国家生态安全实际是一种生存安全，与军事、政治和经济安全一样，都事关全局，没有生态安全，人们生存的基本条件就会受到威胁，军事、政治和经济的安全也就无从谈起。而且生态危机程度一旦超过“临界值”就不可逆转。

目前我国生态安全面临的问题主要表现在以下几方面：一是国土沙化、荒漠化趋势尚未得到根本遏制；二是我国是一个缺水的国家，水资源分布极不均衡，而且浪费较为严重；三是大气、海洋、河流、土地等污染较为严重；四是生物物种在减少；五是公民的生态环保意识还不够强。

---

①王韩民，郭玮，程漱兰，等. 我国生态安全的问题与建议[J]. 经济研究参考，1999(72)：40.

（三）增强总体国家安全意识

保障国家安全必然要提高国民的国家安全意识。新时期针对总体国家安全观的要求，大学生必然要有总体国家安全意识，尤其要增强国防意识和经济、文化、科技和生态方面的安全意识。在增强国防安全意识方面，大学生首先要学习或了解相关法律，如宪法、国家安全法、保守国家秘密法、国防法、兵役法、反间谍法等，因为这些法律明确规定了公民维护国家安全的基本义务。其次要自觉遵守国家安全法律，履行维护国家安全的法律义务：依照法律服兵役和参加民兵组织的义务；保守国家秘密的义务；为国防建设和国家安全工作提供便利条件或其他协助的义务；在国家安全机关调查有关危害国家安全的情况时，如实提供有关证据、情况的义务；及时报告危害国家安全行为的义务；不得非法持有、使用专用间谍器材的义务；不得非法持有国家秘密文件、资料和其他物品的义务等。对每一项责任和义务，每个大学生都应当勇于担当，尽职尽责。

在增强国家经济安全意识方面，大学生首先要努力学习文化科学知识，为民族品牌的创新、发展准备坚实基础，为将来的生产苦练生产技能，树立为振兴民族经济做贡献的责任感和紧迫感。其次要增强对民族品牌的认同感和自信心，尽可能使用民族品牌，以实际行动支持民族品牌做大做强。最后要增强自己的是非辨别能力，针对敌对势力在我国发展道路、国家制度、法律政策等方面的攻击、污蔑和指责，予以坚决还击，坚定自己的自信心。

在增强文化安全意识方面，大学生首先要学习好中华传统优秀文化，加深对民族优秀文化的认知和理解，从而自觉践行民族优秀文化价值观。其次要坚持四个自信，文化是政治经济在人们思想观念上的反映，所以要想文化自信必先做到制度自信、道路自信和理论自信。最后要坚决反击敌对势力对我国社会主义的道路、制度、理论的攻击，自觉以马克思主义分析敌对势力各种攻击的险恶用心。

在增强科技安全方面，大学生首先要努力学习，勇于创新，树立科技强国的责任感和使命感，将来为我国的科技振兴出一分力。其次要胸怀爱国之心、报国之志，把自己所学贡献给国家的科技创新事业。最后要注重信息安全，在使用手机、电脑、外国软件和其他通信设备时，时刻警惕敏感科技信息的泄露。

在生态安全意识方面，大学生首先要增强生态安全的忧患意识，要意识到保障生态安全的重大意义。其次要积极行动起来，从自我做起，保护环境，诸如不践踏草坪、不砍伐树木、不做污染环境的事、节约资源，避免浪费等。再次要与各种破坏生态环境的行为作斗争，对于污染事件勇于举报，对于日常所见的损害生态环境的行为要能及时出面制止。最后要积极宣传生态环境保护的重要性，让更多的人增强生态安全意识。

第四章
明确价值追求　践行价值准则

践行社会主义核心价值观，能够净化社会风气、改善道德风尚、提高国民素质、弘扬先进文化、促进我国社会和谐与稳定。大学生要成为培育和践行社会主义核心价值观最积极、最活跃、最充分的群体，要深刻领会社会主义核心价值观的重要意义和科学内涵。在社会主义核心价值观的12个词语中，“富强”“文明”“爱国”“敬业”“诚信”“友善”相对来说比较容易理解，因此本章节教学关键是让学生深刻理解“自由”“民主”“法治”“平等”“公正”“和谐”等概念，尤其要弄清楚核心价值观中的上述概念，与资本主义社会相关概念之间的本质区别，同时也要讲清楚社会主义核心价值观的意义，以及大学生践行社会主义核心价值观的要求。

一、培育和践行社会主义核心价值观的意义

核心价值观直接制约人们的思维方式、价值判断和行为规范，承载着一个民族、一个国家的精神追求，体现着一个社会评判是非曲直的价值标

准，规范和制约着其他的价值观。社会主义核心价值观是中国特色社会主义社会的主流价值观，凝结着全体人民共同的价值追求，是当代中国人民价值观念的最大公约数，体现着社会成员广泛价值共识。所以，认知、认同并实践“核心价值观”意义重大。2018年3月，十三届全国人大一次会议通过宪法修正案，把国家倡导社会主义核心价值观正式写入宪法，进一步凸显了社会主义核心价值观的重大意义。

（一）凝聚全体社会成员的共识

如今，价值多元在我国事实存在着。一是随着社会主义市场经济的发展，人们的利益分化、多样化日益发展，而多元化的利益追求必然会带来多元化的价值观念。二是经济全球化、科技的进步（如互联网的发展），使人们的交往日益便利，各种价值观的交流、碰撞成为常态，从而促进了价值观多元化。多元价值的存在使人们的思想难以统一，甚至产生一些价值冲突，表现为个人利益和集体利益、权利和义务、功利和道义、利他和利己等方面的冲突。这种情况会带来很多社会问题，诸如道德失范、社会失信、人文精神失落、主流价值观边缘化等。而社会主义核心价值观涵盖的内容十分丰富，不仅包括处于主导地位的马克思主义价值观，还包括中国传统价值观中的优秀成分，以及西方价值观中的合理内容。所以社会主义核心价值观是当代中国人价值观念的最大公约数，培育和践行社会主义核心价值观，能有效整合我国社会意识、凝聚社会价值共识、化解社会矛盾、聚合磅礴之力，是保证我国经济社会沿着正确的方向发展、实现中华民族伟大复兴的价值支撑，意义重大而深远。

（二）坚持和发展中国特色社会主义的价值遵循

中国特色社会主义是全面发展、全面进步的社会主义。它既需要不断完善经济、政治、文化、社会和生态文明等各方面的制度，也需要不断探索社会主义在精神层面的价值追求，既需要为人们描绘未来社会物质生活方面的目标，也需要为人们指出未来社会精神价值的归宿。全社会大力弘扬社会主义核心价值观，要明确中国特色社会主义事业到底追求什么、反对什么，要朝着什么方向走、不能朝什么方向走，坚守我们的价值观立场，坚定中国特色社会主义的道路自信、理论自信、制度自信和文化自信，为社会的有序运行、良性发展提供明确价值准则，保证中国特色社会主义事业始终沿着正确方向前进，是中国特色社会主义的铸魂工程。

（三）提高国家文化软实力的迫切要求

核心价值观是文化的核心内容，能从思想深处决定人的行为。对于个人来说，它能够控制人的思维，进而控制人的行为；对于一个民族来说，它塑造该民族的精神和行为，能够决定该民族的兴衰；对于国家来说，它决定国家各种制度建设和治国理念，进而关系到国家的命运。一个国家弘扬自己的文化，就是让更多的人接受自己所坚持的价值观，得到更多人的认同、尊敬和帮助。这就是文化的传播力和影响力，即文化软实力的体现。正因如此，美国一直在竭力通过文化产业、军事、政治、经济等各种手段向世界各国输出其价值观，甚至提出“为价值观而战”的口号，为其侵略他国的行为寻找道义上的合法性。正如詹姆斯·彼得拉斯在《20世纪末的文化帝国主义》的开篇中所言：“美国的文化产业有两大目标：一个是经济的，一个是政治的。经济上是要为其文化商品攫取市场，政治上则是要通过改造大众意识来建立霸权。”

习近平指出：“核心价值观是文化软实力的灵魂、文化软实力建设的重点。这是决定文化性质和方向的最深层次要素。”当今世界，文化越来越成为综合国力竞争的重要因素，成为经济社会发展的重要支撑，文化软实力越来越成为争夺发展制高点、道义制高点的关键所在。文化的力量，归根到底来自凝结其中的核心价值观的影响力和感召力；文化软实力的竞争，本质上是不同文化所代表的核心价值观的竞争。现在，越来越多的国家把提升文化软实力确立为国家战略。价值观之争日趋激烈，其中最关键就是核心价值观的竞争。培育和践行社会主义核心价值观，用最简洁的语言介绍和说明中国，有利于增进国际社会对中国的理解，扩大中华文化影响力，展示社会主义制度下中国的良好形象。有利于增强社会主义意识形态的竞争力，掌握话语权，赢得主动权，逐步打破西方的话语垄断、舆论垄断，维护国家文化利益和意识形态安全，不断提高我们国家的文化软实力。

（四）增进社会团结与和谐

历史和现实一再表明，只有建立共同的价值目标，一个国家和民族才会有赖以维系的精神纽带，才会有统一的意志和行动，才会有强大的凝聚力、向心力。当前，我国正处在经济转轨和社会转型的加速期，思想领域日趋多元、多样、多变，各种思潮此起彼伏，各种观念交相杂陈，不同价值取向并存，所有这些表现出来的是具体利益、观念观点之争，但折射出来的是价值观的分歧。所以培育和践行全民族共同的价值观是消除分歧、构建和谐社会的必然要求，而社会主义核心价值观就是全民族共同的价值观。培育和践行社会主义核心价值观，能够在具体利益矛盾、各种思想差异之上最广泛地形成价值共识，有效引领整合纷繁复杂的社会思想意识，有效避免利益格局调整可能带来的思想对立和混乱，形成团结奋斗的强大精神力量。习近平说："我国是一个有着13亿多人口、56个民族的大国，确立反映全国各族人民共同认同的价值观'最大公约数'，使全体人民同心同德、团结奋进，关乎国家前途命运，关乎人民幸福安康。"

二、社会主义核心价值观的“自由”

一般来说，人们会从法律、哲学及一般意义上去理解“自由”的含义。例如《现代汉语词典》中对自由就作了如下解释：①在法律规定的范围内，随自己意志活动的权利。②哲学上把人认识了事物发展的规律性，自觉地运用到实践中去，叫作自由。③不受拘束；不受限制。[①]上述解释就是从这几个方面界定的。虽然资本主义和社会主义社会都追求“自由”，但两者有着本质的区别，不能混为一谈。

从理论基础看，资本主义自由观以唯心史观为基础，根据所谓的“天赋人权”得出“人生而自由平等”的结论，而“天赋人权”只不过是思辨出来的抽象的人性论，无法在社会现实中得到证实，因而“人生而自由平等”也容易沦为空洞的口号。从经济基础看，资本主义自由观以生产资料私有制为基础，资本主义社会的自由实质上是资本的自由，进一步说是资本赚取利润的自由。为此，资本主义政府要做“守夜人”，让资本“自由放任”。资本主义社会的制度、法律、意识形态等，都为资本赚取利润的自由而存在。所以特朗普在新冠病毒疫情泛滥之际，不顾美国人民的健康而急于让企业复工生产就不足为奇了。显然，资本主义自由价值观虽然宣称享受自由的主体是所有公民，但实际践行的主体只能是作为资本化身的资产阶级，特别是少数的垄断资本家及其财团。从实现方式看，资本主义自由更倾向于“消极自由”，用伯林的话来说，“消极自由”是指“若我是自由的，意思就是我不受别人的干涉。不受别人干涉的范围愈大，我享有的自由也愈广。”[②]换言之，资本主义自由观强调以个人主义为中心，社会和国

①中国社会科学院语言研究所词典编辑室.现代汉语词典[M].北京：商务印书馆，2005：1809.

②伯林.两种自由概念[M].胡传胜，译.上海：三联书店，1996：185.

家不得干涉个人的自由，这种自由使每个人不是把他人看作自己自由的实现，而是看作自己自由的限制。

社会主义核心价值观的自由观在理论基础方面是马克思主义的唯物史观，认为自由需要物质、精神条件作为基础，是具体的、历史的、发展的，而不是抽象的、任意的，具有相对性。换言之，社会主义自由观把自由与社会历史发展统一起来，视自由的实现是一个历史过程，在每一个具有独特性特征的社会，自由的本质、特征和实现程度等都是不同的。唯物史观认为人的本质在其现实性上是一切社会关系的总和，人是在一定社会关系中从事实践活动的人，所以实践是自由的基础，实践体现了自由的本质，实践与自由相互解释。马克思主义认为自由是对必然的认识和对客观世界的改造，所谓的必然就是客观存在的“规律”。所以马克思说：“自由不在于在幻想中摆脱自然规律而独立，而在于认识这些规律，从而能够有计划地使自然规律为一定的目的服务。”①在实践中人们才能认识必然，也只有在实践中才能运用必然改造客观世界，从而满足人们的需求，摆脱物的束缚，获得自由的体验，而且人们的实践水平受社会条件所制约，并决定着自由能够实现的程度。

从经济基础看，社会主义的自由建立在以公有制为主体、多种所有制经济共同发展的基础之上。一方面，让市场在资源配置中起决定性作用，发挥市场经济的“自由”特性，让经济主体包括私人资本自由竞争，让商品生产自由交换；另一方面，处于主体地位的公有制要保障集体的自由和人民大众的自由，所以社会主义的“自由”必须接受行政的、法律的和经济的宏观调控，避免放任的自由竞争带来的对他人和集体的损害。简言之，社会主义的自由既是用制度保护自由权利，又是以制度的形式争取自由，是自由权利与自由保障的统一，是为最广大人民的自由服务的。所以社会主义核心价值观的自由是体现人民主体性的自由。从实现方式看，社会主

①马克思恩格斯选集：第3卷[M].北京：人民出版社，2012：491.

义核心价值观的自由之实现，虽然吸收和继承了“消极自由”的合理成分，但更强调以“积极自由”的方式实现自由，是积极自由与消极自由的统一。所谓积极自由就是“消除阻碍我的意志遂行的东西，而不论这些障碍是什么”。[①]换言之，积极自由是指人们要成为自己的主人，积极创造条件按照自己的意志去行动。所以社会主义国家一方面按照消极自由的要求，通过政治和法治建设等，保障人民群众的自由权利免受不正当的干扰和侵害，达到“法不禁止皆可为”的自由标准；另一方面更要通过发展生产，完善社会主义经济制度、政治制度中，不断消除妨碍自由的障碍，积极为广大人民群众扩大自由空间。同时，要求人民群众遵循社会道德和精神文明建设的要求，遵守社会规范和组织纪律，用道德、法律、纪律、政策、管理等形式限制自由权利的滥用，对损害他人利益的所谓“自由”进行监督和惩罚。所以社会主义核心价值观的自由不是西方所强调的个人本位自由，而是集体自由中的个人自由。这种自由是在遵守党纪国法的前提下，在遵守社会道德规范的基础上，行使自己的自由权利，意味着民主和集中的统一，自由和纪律的统一，自由与责任的统一，权利和义务的统一。

三、社会主义核心价值观的“法治”

法治即法的统治（rule of law）。它虽然是资产阶级革命的产物，但却是人类文明社会的一种实质性要素，是人类追求的目标之一。因为“法治优于人治”，其立论的基础就在于：人总是有私心的，人治社会中执政者在偏私的作用下，常常会滥用权力，从而造成不公正。而“法”没有私心，不会像“人治”的执政者那样偏私，因而不容易产生腐败。换言之，法治比人治更能带来公平正义。

①伯林.两种自由概念[M].胡传胜,译.上海:三联书店,1996:185.

法治要求法律至上，即法处于权力的最高峰，在最高的终极意义上具有规制和裁决人们行为的力量。一个国家的公民包括最高统治者都必须服从法，依法行事。法治以限制权力为重点。孟德斯鸠认为权力的滥用是一种必然，必须为权力划定明确的界限，才能防止权力的滥用，用权力制约权力是防止权力滥用的重要手段和有效方法。而法律是国家意志的体现，具有国家强制力，是制约权力滥用的最强硬的机制，是使权力在阳光下运行的制度之笼。法治要求法律面前人人平等，任何人都要遵守法律，任何人在法律面前都没有特权，任何人都拥有同等的权利和义务，任何人违反法律都会受到同等的惩罚。法治要求良法之治，即人们遵守的法律必须是正义的、好的法律。法治以民主为基础，西方法治理论认为民主是法治的本质和前提，主张以法治保障民主，以民主实现法治。

法治在价值上蕴含着自由、公正、理性等人类共同的理想和追求，因此作为法治首倡者的资产阶级就宣扬“法治具有普世价值”，并且把法治的普世价值确定为西方的法治理念及其实现模式，其实质是认为西方政治理念和制度模式具有超越时空、超越阶级的普适性，并因此攻击其他与之不同的社会制度，包括中国特色社会主义制度。其实，法治是人类共同追求的价值目标，但并不表示实现法治的制度、模式等是普世的。法治价值观作为一种意识形态是受经济基础决定的，并且受各国的历史、传统文化所影响，所以虽然各国所追求的法治理想具有共性，但法治的实现形式则具有各国的特点。我国的“法治”价值观的经济基础是公有制为主体、多种经济成分共同发展，以马克思主义法治观为指导，渊源于我国传统法治文化，吸收人类法治文明精华，符合我国现实发展的需求，具有鲜明的社会主义特色。

所以社会主义核心价值观中的法治是中国特色社会主义的法治。它植根于中国特色社会主义制度，具有以下特征：

第一，坚持中国共产党的领导。党的领导与社会主义法治本质上是一致的，两者互相依靠、互为保障。第一，党有坚强的领导力，在法治建设中能够发挥总揽全局、协调各方的作用，使法治建设各个领域的工作得到统筹协调。第二，党是人民意志的代表，通过党的领导能够把全体人民的意志贯彻到法治建设的不同方面。在法治建设实践中党领导立法、保证执法、支持司法、带头守法，完成对人民意愿的保证。第三，党的组织能力和领导能力的改善需要党严格遵守宪法和法律的规定，依法执政，不断提高领导依法治国的水平。

第二，坚持人民主体地位。法治实质上是“众人之治”，而“众人之治”以主权在民为基础，所以法治的本质和前提是民主。资本主义经济基础为私有制，其法治缺乏主权在民的物质基础，所以其法律的形式和内容之间存在不可克服的矛盾：一方面法治要求权利公用、法律面前人人平等，另一方面权力实质上为资本服务，法律面前人人平等的形式掩盖的是金钱面前不平等的实质内容。

中国特色社会主义在经济上以公有制为主体，政治上实行人民民主，为法治建设提供了坚实基础，同时社会主义法治建设为发展更加广泛、更加充分、更加健全的人民民主提供保障。一方面，法治建设为了人民、依靠人民、造福人民、保护人民，以保障人民根本利益为出发点和落脚点，保证人民依法享有广泛的权利和自由、承担应尽的义务，维护社会公平正义，促进共同富裕。另一方面，人民民主的发展能够广泛表达民意，从而制定出反映人民意志的良好法律，能够让人民广泛参与国家事务管理，从而使作为法治精髓的权力制约得以实现，能够让人民群众增强权利意识，为法治的实现提供精神支持。

第三，坚持法律面前人人平等。社会主义法治要求公民不分民族、种族、性别、职业、家庭出身、宗教信仰、教育程度、财产状况、居住期限等，都应当平等享受公民权利、平等履行公民义务，鲜明地反对法外特权、法外开恩，对掌握公权力的人形成制约，“把权力关进制度的笼子”，防止特权思想和各种潜规则的侵蚀，鲜明地反对法律适用上的各种歧视，贯彻执行“以事实为依据、以法律为准绳”的司法原则，要求人人都严格依法办事，既充分享有法律规定的各项权利，又切实履行法律规定的各项义务。

第四，坚持依法治国与以德治国相统一。国家和社会治理中道德与法治相辅相成，要注重两者的综合运用。一是强化道德对法治的支撑作用。道德在精神文明建设中具有先导作用，应重视发挥道德的教化作用，提高全社会文明程度，为全面依法治国创造良好人文环境。二是把道德要求贯彻到法治建设中。以法治承载道德理念，道德才有可靠制度支撑。法律法规要树立鲜明道德导向，弘扬美德义行，立法、执法、司法都要体现社会主义道德要求，使社会主义法治成为良法善治。三是运用法治手段解决道德领域突出问题。法律是成文的道德，道德是内心的法律。要加强相关立法工作，依法加强对群众反映强烈的失德行为的整治。

第五，坚持从中国实际出发。坚持从实际出发，就是要突出法治道路的中国特色、实践特色、时代特色。要汲取中华传统法律文化精华，总结和运用党领导人民探索社会主义法治道路的成功经验，围绕社会主义法治建设重大理论和实践问题，推进法治理论创新，构建符合中国实际、具有中国特色、体现社会发展规律的社会主义法治理论和话语体系，为依法治国提供理论指导和学理支撑。

从我国实际出发，不等于关起门来搞法治。坚持走中国特色社会主义法治道路，必须学习借鉴世界上优秀的法治文明成果。法治的精髓和要旨对于国家治理和社会治理具有普遍意义。学习借鉴不是简单的拿来主义，不能将某种法治理论或成果当成唯一准则，不能企图用一种法治模式来改造整个世界。必须坚持以马克思主义法学理论为指导，坚持以我为主、为我所用，合理吸收国外法治理论、法律话语、法律方法，不能搞“全盘西化”，不能搞“全面移植”。

四、社会主义核心价值观的“民主”

“民主”的基本含义就是“人民权力”或“人民统治、治理”。它意味着在一个共同体中，所有有资格的成员都平等地参与共同体事物的讨论，决策时由参与成员自由投票，并由多数票决定。显然，民主有以下特点：一是有范围，这个范围就是“共同体”，即共同体之外的成员没有共同体的民主权利。例如甲村民主选村主任，乙村的村民就无权参加。二是有资格限制，即任何共同体都不可能让其所有成员拥有民主权利，而是有一定的资格限制。历史上对民主权利限制的内容包括民族、年龄、财产、性别等，直到现在年龄依然是民主资格的一大限制条件，例如我国公民只有年满18周岁，才能拥有民主权利。三是要求平等，即有民主权利的人在讨论和决策共同体事务时，都可平等发言，不允许压制任何人发言。投票时一人一票，任何人不允许多投票，也不能剥夺任何人的投票权。四是多数人统治，即最后的决策以赞成票多的为准。

资本主义民主程序是完美的，形式是真实的，但内容和实质是虚假的。首先，资本主义社会的人民只能掌握部分国家主权。资本主义国家普遍实行“三权分立”制度，选民选举的议会也只能掌握部分立法权，其他国家权力实质上是由不同的财团掌握。其次，民主权利的落实具有虚伪性。虽然资本主义国家宣称所有公民都平等地拥有民主权利，但民主权利的实施却是以金钱为后盾的。例如在政治选举中，要获得议员、镇长、市长、州长、总统等职位的被选举权，就要有高额的选举资金，各阶级、阶层、利益群体要维护自己的利益，就要出得起政治献金。对于广大普通民众来说，由于没有足够的经济实力，事实上被剥夺了被选举权。所以资本主义民主实质上只是供富人、供少数人享受的民主，是资产阶级内部的多数人统治。再次，现代资本主义民主大都沉迷于“选举”这一初始环节，“人民主权”被置换成“人民的选举权”，民主被简化为选举，选举又进一步简化为投票，而对于决策是否民主、管理是否民主、监督是否民主却并不感兴趣。

社会主义核心价值观的“民主”是中国特色社会主义民主，即人民民主。它是社会主义公有制经济基础在政治上的反映，是在马克思主义民主理论指导下建立起来的较高层次的民主，既立足于我国社会主义初级阶段的基本国情，又着眼于人类文明未来的发展，也体现了中国传统文化中“民本”等思想的诉求，是对马克思主义民主理论的丰富和发展，具有鲜明的特点。

首先，它坚持中国共产党领导。党的十九大报告指出：“党政军民学，东西南北中，党是领导一切的。”所以中国特色社会主义民主建设必然由中国共产党来领导。中国共产党成立后，践行民主政治的理念始终是其政治追求的核心内容，发展社会主义民主政治，最根本的是要把坚持党的领导、人民当家作主和依法治国有机统一。

其次，在制度层面建立以人民代表大会制度为根本的制度体系，保障人民群众通过人民代表大会等制度安排掌握国家的立法、行政、司法、监督等一切权力，实现“一切权力归人民”，落实人民群众的民主选举、民主决策、民主管理、民主监督的权利。

再次，在社会层面实现整个社会生活的民主化，即将政府管理和基层社会民主有机结合，充分发挥民主在社会生活领域的协商功能，畅通沟通渠道，解决各种凸显的社会问题和矛盾，为构建社会主义和谐社会、实现伟大复兴中国梦提供广阔的社会基础。

最后，在民主方式层面大力弘扬协商民主。协商民主是中国经过长期探索，发展起来的符合本国国情的中国特色社会主义民主政治，其实现形式包括政党协商、人大协商、政府协商、政协协商、人民团体协商、基层协商以及社会组织协商等多种形式。实践证明，社会主义协商民主行之有效，具有巨大优越性，在整合社会关系、促进民主监督、提升决策效率等方面展现出独特优势，有力促进了中国经济健康发展、社会和谐稳定和人民生活改善。

五、社会主义核心价值观的“平等”

平等是指社会主体在社会关系、社会生活中处于同等的地位，具有相同的发展机会，享有同等的权利。包括：（1）人格平等。人们之间尽管存在性别、民族、职业、经济状况、生活水平等方面的差异，但应当具有相同的价值观和尊严感。（2）机会平等。每个人都有创造物质财富和精神财富的潜在能力，必须清除各种人为的障碍，消除特定的人群对某些机会的垄断和特权，使人的潜能和实践具有同等的机会和环境。（3）权利平等。人们拥有和享受同等的法律权利，也平等地承担义务，任何人不得具有超越法律之上的特权。平等既是衡量社会进步的尺度，又是一个社会在形式上所要追求的价值、原则和道德理想。但平等不等于平均，因为人的天赋、后天努力、出身背景和机遇都有很大差异，因此创造财富的能力也有很大不同，要实现绝对的平均不现实。如果强行地用权力实现绝对平均，必然是将创造财富多的人的财富强行地剥夺给创造财富少的人，实质上是打击先进而奖励落后，必然会造成社会的倒退。在阶级社会，平等不过是同一阶级或阶层内部的平等，而在统治阶级和被统治阶级之间即使宣称要平等，也只是形式上的，实质上的平等是不存在的，准确地说阶级社会的平等是专属统治阶级的平等。

平等是个历史范畴，不是从来就有的，也不是凭空产生的，非一成不变、永恒存在的公理。平等作为观念上层建筑，是建立在经济基础之上并反映经济基础的，不能脱离或超越社会经济基础而随心所欲。平等的具体内容、实现程度由特定的社会生产力发展水平及生产关系的性质所决定，并随着生产方式的发展而不断发展变化。新的平等观念总是通过辩证地否定以往的平等观念而实现自身的发展，这一过程受限于时代条件，依赖于各种具体的历史状况。所以平等观念作为上层建筑在不同时代、不同国家、不同阶级中具有不同的内涵，呈现出不同的历史特征，因而不能离开特定历史条件下的生产力发展水平和生产关系的状况谈论平等，那种所谓“普世的平等”是不存在的。

资本主义社会的产生是人类历史发展的重要进步，资产阶级的平等要求的是资本主义经济社会发展的必然。它以生产资料私有制为基础，对于大多数普通民众来说，所谓的平等关系只是体现在商品经济价值交换过程中的等价交换。但这种平等只是形式上的平等。例如资本家出资、工人出力，二者之间签订劳动契约，看似符合法权意义上的平等原则，但劳动力这种商品的所有权与劳动权相分离，劳动力商品使用过程中所创造的剩余价值被资本家无偿占有，成了资本家的合法财产，这就是事实的不平等。所以资本主义社会的平等是形式上的法律面前人人平等，但事实上权利的实际落实是按照资本的多少或等级进行的，平等事实上是不存在的。

社会主义社会核心价值观的“平等”是属于中国特色社会主义的平等，以占主体地位的公有制生产资料为基础，是对资产阶级平等观的科学扬弃，强调的是形式平等和实质平等的统一。恩格斯说，“无产阶级平等要求的实际内容都是消灭阶级的要求。任何超出这个范围的平等要求，都必然要流于荒谬”，[①]“随着阶级差别的消灭，一切由这些差别产生的社会的和政治的不平等也自行消失”。[②]也就是说，形式和事实相统一的真正平等只有到了阶级消亡的共产主义才能实现。而中国特色社会主义阶段，由于

①马克思恩格斯选集：第3卷[M].北京：人民出版社，2012：484.

②马克思恩格斯选集：第3卷[M].北京：人民出版社，2012：371.

生产力还不足够发达，虽然还达不到共产主义高级阶段的平等要求，事实上的不平等也不可避免地存在，但相对于资本主义社会的平等来说，已经有极大进步：

一是以共同富裕为特点的经济平等。中国特色社会主义的经济基础是公有制为主体，所有成员具有平等占有生产资料的权利，在分配方式上以按劳分配为主，虽然因人们的劳动能力的不同，人们的收入仍存在差距，但不会产生贫富两极分化，能够使共同富裕得以实现。所以在经济领域，中国特色社会主义不仅强调机会平等和形式平等，更注重结果平等和实质平等，而且共同富裕的实现也为其他方面的平等奠定了坚实基础。

二是以法律权利为核心的权利平等。我国宪法和法律规定了公民的基本权利平等和人格平等，即“中华人民共和国公民在法律面前一律平等”，权利的行使不因民族、性别、职业、财产的差异而不同，尤其排除了财产在政治选举与被选举中的作用，避免了资本的操纵。同时，法律规定任何组织或者个人都不得有超越宪法和法律的特权，绝不允许以言代法、以权压法、徇私枉法。所以我国宪法和法律的规定保障了每个公民都依法平等地享有权利，在城乡社区治理、基层公共事务和公益事业中平等参与。

三是以民生为重点的社会平等。平等是有具体内容的，那种“人生而平等”“天赋人权”的说法只是抽象的平等，没有实质内容。中国特色社会主义的社会平等以民生为重点，就是实质性平等的体现。为此，首先要推进城乡一体化。城乡发展不平衡、不协调是制约我国经济社会持续健康发展的瓶颈，也是实现社会平等的一大障碍。因此要推进教育、就业、分配、医疗、住房等领域综合改革，促进城乡一体化发展，推进城乡公共服务和社会保障一体化，赋予农民更多财产权利，促进城乡要素平等交换和公共资源均衡配置，让农村拥有的资源在市场价值分配中取得更高收益，形成以工促农、以城带乡、工农互惠和城乡一体化新型工农、城乡关系，使城乡居民拥有平等的地位和机会参与现代化进程，使广大农民有尊严地、公平地共享发展成果。同时，实施和完善向弱势群体倾斜的政策措施，不断完善和提升制度化的基本保障，以实现人们生存的基本起点平等，促进社会和谐稳定。

六、社会主义核心价值观的“公正”

公正是人类所追求的重要价值目标之一。但关于“公正”的内涵五花八门，莫衷一是。柏拉图的《理想国》是一部最早的公正论专著，他继承发展了苏格拉底的哲学和公正观，认为公正的本质是今生和来世的酬报，是所有道德价值中的最高价值，涵盖了一切美德，并且把公正分为两类，即灵魂中若干美德和社会的和谐秩序。霍布斯认为守约就是公正。斯宾诺莎则说，公正是在思想自由和行动守法的条件下，人们将各自利益追求的理性、利己、公共性等协调的完美状态。狄德罗区分了公正与公道，指出公正是社会法律的，而公道则在第一个立法者立法之前就已经存在了。卢梭则把公正等同于平等。康德以他的绝对命令即德性按比例分配幸福即为公正。美国著名的神学家、伦理学家弗莱彻提出“爱即公正”，认为“爱同公正是一回事，因为公正就是被分配了的爱”。罗纳德.德沃金以其独特的“权利公正论”在当代西方政治学界、法学界享有盛名。他以自然权利理论为基础，认为个人权利不受群体权利干涉。他把权利分为道德权利、法律权利和政治权利。其中道德权利是权利公正论的基础，为了保证公正，立法必须做到平等地分配权利，在此基础上，司法也必须公正，公正的判决必须使原告、被告的法定权利都能得到维护和保障。罗尔斯认为在具有“无知之幕”特点的“原初状态”下，人们共同订立一个对每一个人都一视同仁的契约就可达到公平正义。另外，小密尔的“序列的公正”，斯宾塞的“进化的公正”，西季威克的“直觉主义的公正”，叔本华的“同情的公正”，柏格森的“生命伦理的公正”，以及尼采、戴埃和波普尔等人的“消极公正”，等等，都从不同角度对大公正进行研究。

显然，非马克思主义理论理解“公正”的角度虽然多种多样，如道德、理性、法律、权利、契约、制度等，但总的来说都是脱离生产方式，以思辨的方法理解公正。为了实现公正，人们还提出了“等利害交割原则”“权利与义务交换原则”“贡献原则（即权利的来源和依据是贡献）”“平等原则（包括经济、政治权利平等和社会机会平等）”，等等，但这些“原则”离开经济基础，就会缺乏实质性的支撑，所谓的公正也就变得虚伪了。

马克思主义的公正理论直接发源于历史唯物主义和辩证唯物主义的思想体系，认为“物质生活的生产方式制约着整个社会生活、政治生活和精神生活的过程”，[①]“公正”作为价值理念，是对一定社会政治、经济的集中反映和体现，必然会受到该社会“物质生活的生产方式”的制约，即一定社会公正与否要受到该社会现实社会生产力、生产关系状况的制约。所以马克思在《资本论》中指出：“只要与生产方式相适应，相一致，就是正义的；只要与生产方式相矛盾，就是非正义的。在资本主义生产方式的基础上，奴隶制是非正义的；在商品质量上弄虚作假也是非正义的。”[②]根据马克思主义，在生产资料私有制状态下会产生阶级分化和对立，占有生产资料的统治阶级与被统治阶级之间不可能有真正的平等，不同阶级立场的人公正观是不一致的。例如，在古代对于君主来说，公正是一种治理理念，属于一种政治思想，强调君主统治下的秩序。古代君主总是凌驾于公正之上，而百姓总是囚困于公正之下。对于以君子为代表的士大夫阶层来说，公正是一种个人德行或道德品质，强调士大夫阶层的为人、处世与为政的公正性。对于平民百姓来说，公正是一种逐利的生活规则。在资本主义社会，所谓公正是建立在阶级对立、建立在一些人对另一些人的剥削上面的，

①马克思恩格斯选集：第2卷[M].北京：人民出版社，2012：32.

②马克思恩格斯文集：第7卷[M].北京：人民出版社，2009：379.

实质上是虚伪的。所以生产资料私有制是导致社会不公正的真正根源，因此马克思认为真正的自由和真正的平等只有到物质极大丰富的共产主义制度下才可能实现，而且是从形式到实质的实现。

社会主义核心价值观的“公正”是与中国特色社会主义的生产方式相适应的“公正”。中国特色社会主义在经济上实行以公有制为主体、多种经济成分共同发展，在分配方面，实行按劳分配为主、多种分配方式共存的分配制度，以共同富裕为目标。政治方面，在中国共产党的领导下实行人民民主专政制度，实现党的领导、人民当家作主、依法治国的统一。因此，中国特色社会主义的公正有以下特点：

一是以人民为主体。马克思主义理论认为人民群众才是历史的创造者，所以要重视人民群众的尊严和基本权利，社会主义所追求的公正是人民大众的公正，而不是少数剥削者的公正。为此，我国坚持以公有制为主体的生产资料所有制，为社会公正奠定了坚实的经济基础。在政治方面通过宪法确立人民民主专政制度，实行人民代表大会制度、共产党领导的政治协商制度、民族区域自治制度以及基层民主制度等，提高人民群众的社会地位，使人民民主得以落实，充分保障全体人民参与政治生活的权利，从而保障社会公正得到实现。

二是以共同富裕为目标。首先是大力发展生产力，为最广大人民的公正提供坚实的物质基础。为此，根据我国生产力发展状况，实行公有制为主体、多种经济共同发展的生产资料所有制，发展社会主义市场经济，发挥好市场和政府的作用，不断加大对外开放力度，最大限度地解放生产力、发展生产力。其次是公正分配，努力实现共同富裕。为此，实行按劳分配为主、多种分配方式并存的分配方式，在效率优先的前提下，努力实现分配公平，消灭剥削。同时建立和不断完善社会保障体系，推进精准扶贫，让全体人民共享发展成果。再次是按照邓小平的“两个大局观”的要求[①]，实现区域协同、平衡发展，向着共同富裕的目标推进。

三是以法律制度为保障。首先，我国宪法法律规定所有公民平等享有各种法律权利，平等承担相应的义务，为实现权利公正提供了法律基础。其次，我国宪法规定了国家的政治、经济、文化和社会制度，为实现公平正义提供了制度基础。再次，深化法治体制改革，从立法、执法、司法、守法的角度完善社会的公平正义，在程序上保障程序的中立性、参与性、透明性和时效性，在结果上保障人们参与社会活动之后获得的待遇和分配等具有公正性，做到程序公正和结果公正。

四是以全面公正为旨归。马克思认为社会发展进程应当体现“以人为本”，它表现为人的各种权益得到充分保证并发展。这种发展不是抽象的而是具体的，不是虚拟的而是实在的，不是片面的而是全面的，不是断裂的而是可持续的。所以中国特色社会主义要实现的公正不是某一方面的公正，毛泽东的公正思想就包括六个方面：人民应当具有基本的权利是公正的前提；国家应当具有独立、自主、平等权利；主张性别平等和妇女解放；注重代与代之间的公正；注重教育公平对于公正体系的作用，尤其强调重视大众教育；既反对两极分化，又摒弃平均主义。新时代，我国要实现的公正是由经济公正、政治公正、文化公正、社会公正和生态公正所组成的五位一体的全面公正，目的是为了实现好、维护好和发展好人民群众的经济权益、政治权益、文化权益、社会权益和生态权益，从而使无产阶级和劳动人民得到真正的解放。

---

① 1988年9月，邓小平指出了“两个大局观”思想：沿海地区要加快对外开放，使这个拥有两亿人口的广大地带较快地发展起来，从而带动内地更好地发展，这是一个事关大局的问题。内地要顾全这个大局。反过来，发展到一定的时候，又要求沿海拿出更多力量来帮助内地发展，这也是个大局。那时沿海也要服从这个大局。

七、社会主义核心价值观的“和谐”

“和谐”不是实体性范畴，而是关系性范畴，在不同的学理那里有着不同的理解，从而形成了多种不同性质的和谐理念。毕达哥拉斯学派是西方最早对“和谐”思想进行阐释的学派之一，认为世界的本原是“数”，数与数之间具有一定的规律性，它们之间形成的一种平衡状态即为和谐。“整个天是一个和谐，一个数目”。[①]中国传统文化同样把“和谐”作为文化精髓，儒家思想从人性本善出发，把人心和善作为和谐的根本，要做到人与自身、人与他人的和谐。孔子还阐述了“和”的内涵，即“和而不同”，意味着“和”不是完全一致、铁板一块，“和”是多样性、差异性、矛盾性的统一。而道家思想在“人自身和谐”和“人与他人、社会和谐”的基础上，还要实现人与自然的和谐，提出“天人合一”的观点。老子提出“人法地，地法天，天法道，道法自然”，意思是人类应效法天地、自然，顺应其法则，遵循其规律。自然有其自身的运行规律，违背自然规律不仅会破坏大自然的生态平衡，甚至会引发自然灾害。庄子认为人与自然之间存在着互动关系，二者是相互作用的。只有人类不肆意地破坏自然，自然才能与人类和谐共处。

一般而言，“和谐”指的是多种事物之间的融洽通顺关系及其程度。人们对和谐理论研究的过程中，从不同角度进行了分类。诸如相对和谐与绝对和谐、真实和谐与虚假和谐、积极和谐与消极和谐、过程和谐与结果和谐，等等。相对和谐指的是在差异和矛盾基础上的和谐，是与不和谐因素相伴随的和谐，即“和而不同”。绝对和谐指的是企图消灭差异和矛盾以达到的和谐，是排除了不和谐因素的和谐。绝对和谐看似美好，实则不然。

①北京大学哲学系外国哲学教研室.古希腊罗马哲学[M].北京：商务印书馆，1982：37.

和谐并不意味着没有矛盾或者消灭矛盾。那种所谓“没有矛盾”的社会只能是一厢情愿的“理想国”或者“桃花源”，只能是一种想象中的产物。

所谓真实和谐，指的是通过合法合理的制度化途径所实现的和谐。所谓虚假和谐，指的是通过暴力强制、舆论压制、粉饰太平、弄虚作假等非常手段制造出来的和谐。虚假和谐不是建立在真实、自愿、自由基础之上的和谐，因而通常被人们称为“被和谐”“伪和谐”“假和谐”。例如，美国为首的西方强国妄图凭借强权和军事压力，让世界其他国家不敢乱说乱动，从而达到他们所要求的“和谐”局面，就是虚假和谐的体现。

积极和谐指的是在发展和进步过程中创造出来的和谐，消极和谐则是担心发展造成不稳定、不和谐，因而牺牲发展以求得的和谐。前者是刚健有为基础上的和谐，实施起来难度较大，但是从长远角度而言有利于国家和国民；后者是无所作为基础上的和谐，实施起来难度较小，但是从长远来看不利于国家和国民。积极和谐实际上是动态的和谐，是创造出来的和谐；消极和谐实际上是静态的和谐，是保持下来的和谐。

过程和谐实际上就是从“不太和谐之状态”到“比较和谐之状态”的转变，是从量变到质变的过程，是“和谐化”。结果和谐实际上就是某一时间节点之下比较和谐的社会存在状态，是量变到质变的结果，是“和谐点”。过程和谐必然要延伸至结果和谐，而结果和谐必然要融入下一轮过程和谐之中。

从内容上说“和谐”可分为人与自然和谐、人与社会和谐以及个人的自我和谐。人与自然和谐也被称为“天人和谐”，是指人在改造和利用自然的过程中，很少破坏自然环境，人类不会受到大自然的报复。人的本质属性是其社会性，社会群体由个体的人构成，而个体的人也必须生活在一定的社会群体之中，所以个人的生存发展要有利于社会和他人的利益实现，社会的发展和他人的利益实现也有利于个人增进自己的利益，个体与社会相互依存、相互促进、相辅相成，这就是人与社会和谐。而个人的自我和谐即身心和谐，实质是人的主观方面与客观方面的和谐，在归根结底的意义上，和谐是人的自我和谐。身心和谐包括人的肉体与心灵的和谐、感情与理智的和谐、欲望与能力的和谐、志向与实力的和谐、思想与身份的和谐，等等。一个社会，如果其大部分社会成员的肉体与心灵、感情与理智、欲望与能力、志向与实力、思想与身份经常处于对立、对抗甚至冲突的状态，那么这个社会一般而言是难以和谐的；相反，如果一个社会中的大部分成员处于身心和谐的状态，那么这个社会一般而言是比较和谐的。

社会主义核心价值观中的“和谐”是中国特色社会主义的和谐。这种和谐首先是“相对和谐”而非“绝对和谐”。马克思主义认为矛盾具有普遍性，任何社会都充满了各种矛盾，中国特色社会主义社会也是如此。从基本矛盾来说，新时期我国的社会基本矛盾依然是生产力与生产关系、经济基础与上层建筑之间的矛盾，而主要矛盾已成为人民日益增长的美好生活需要和不平衡不充分的发展之间的矛盾，同时我国地区之间、城乡之间、各群体各阶层之间也存在各种矛盾，经济、政治、文化、社会和生态发展之间同样有各种矛盾。针对上述矛盾，我国采取各种政策措施，协调各方利益，积极化解各种矛盾，由此实现社会和谐。

其次，社会主义核心价值观中的“和谐”是“真实和谐”而非“虚假和谐”。如今，影响我国社会和谐的矛盾和问题很多，诸如“城乡、区域、经济社会发展很不平衡，人口资源环境压力加大，就业、社会保障、收入分配、教育、医疗、住房、安全生产、社会治安等关系群众切身利益的方面问题比较突出，体制机制尚不完善，民主法制还不健全，一些社会成员诚信缺失、道德失范，一些领导干部的素质、能力和作风与新形势新任务的要求还不适应，一些领域的腐败现象仍然比较严重，敌对势力的渗透破坏活动危及国家安全和社会稳定。在实现社会和谐的过程中，中国共产党不粉饰太平，而是勇于承认和面对问题，并通过不断深化改革，完善各种制度、法律，力求解决现实社会中的诸多问题。

再次，社会主义核心价值观中的“和谐”是“积极和谐”而非“消极和谐”。中国共产党始终认为在构建社会主义和谐社会的过程中，所面临的各种问题是发展中的问题，也必须用发展的办法来解决前进中的问题。所以我国以经济建设为中心大力发展生产力，不断为社会和谐创造雄厚的物质基础，努力推进科学发展，贯彻“五大发展理念”，以便解决发展不平衡问题，同时通过改革开放，促进政治、文化、社会和生态全面进步，积极实现社会和谐。

第四，社会主义核心价值观中的“和谐”是“过程和谐”与“结果和谐”的统一。构建和谐社会不能只注重“结果和谐”，更要关注“过程和谐”，因为结果和谐仅仅是过程和谐的结果。目前中国处于复杂环境下，既要解决那些长年累月逐渐形成的历史性旧矛盾，又要解决前所未有的新矛盾，各种新旧矛盾相互交织、错综复杂、不断变化，决定了和谐社会的建设是个复杂长期的、循序渐进的过程，任何急功近利的想法和做法都容易走向美好动机的反面。所以我们不仅要将和谐作为最终的目标去追求，同时也要将和谐作为一个现实的过程去推进。

第五，从形态上说，社会主义核心价值观中的“和谐”是全面的和谐。中国特色社会主义社会以马克思主义为指导，以为人民服务为宗旨，以集体主义为原则，以中华传统美德为源泉，倡导社会公德、职业道德和家庭美德，要求公民明大德守公德严私德，并以社会主义法律制度为保障，从而使个人与他人、个人与社会之间的利益相互融合、相互促进，实现个人与社会的和谐。同时中国积极实施可持续发展战略，转变增长方式，提高发展质量，推进节约发展、清洁发展、安全发展，把生态文明建设放在战略地位。习近平总书记也曾多次强调，“宁要绿水青山，不要金山银山。”①生态文明建设标志着对“人与自然和谐”的追求。中国特色社会主

①习近平.弘扬人民友谊 共同建设“丝绸之路经济带”——习近平在哈萨克斯坦纳扎尔巴耶夫大学发表重要演讲[N].人民日报，2013-09-08(1).

义的发展坚持以人为本，以“促进人的全面发展”为旨归，“注重促进人的心理和谐，加强人文关怀和心理疏导，引导人们正确对待自己、他人和社会，正确对待困难、挫折和荣誉。加强心理健康教育和保健，健全心理咨询网络，塑造自尊自信、理性平和、积极向上的社会心态。”[①]所以个人的身心和谐同样是中国特色社会主义和谐社会追求的目标。

①中共中央文献研究室．十六大以来重要文献选编：下[M].北京：中央文献出版社，2008：662.

第五章
遵守道德规范　锤炼道德品格

本章的教学目标是让学生了解道德的内涵、起源与本质，正确把握道德的功能与作用；掌握中华传统美德、中国革命道德的主要内容和意义；理解加强社会主义道德建设的意义、核心、原则以及个人品德养成的方法和途径。所以本章的教学关键词有以下几个：道德、中华传统美德、革命道德、社会主义道德等。

一、道　德

（一）道德的内涵

人们普遍认为道德是人们以善恶为评价方式，依靠社会舆论、传统习俗和内心信念来发挥作用的行为规范及行为的总和。所以可从以下几方面理解道德：首先，道德是人所特有的，换言之，除人之外的动物、植物是不可能有道德的。其次，道德的评价方式是“善”与“恶。虽然古今中外对“何为善？何为恶？”有很大争议，例如孔子以“仁”为善，孟子以“义”为善，亚里士多德说“中庸方为至善”，等等，但总的来说“善”应该符合社会的公序良俗，顺应客观规律，而“恶”应该违背社会的公序良俗，违背客观规律。社会公序良俗不是整齐划一的，不是刚性标准，所以人们的道德观也不尽相同。再次，道德的实施力量是社会舆论、传统习惯和人们的内心信念，也就是说迫使人们践行道德规范的力量主要来自自己的自觉自愿，强迫性不强，相对来说强迫性最强的也只是“社会舆论”，其强制力无法与作为法律实施力量的国家强制力相比。第四，道德的内容既包括行为规范又包括行为，即道德既是一系列行为规范，更表现为人们的道德行为，如果人们仅仅把道德停留在道德规范层面，而不落实到道德行为层面，就不会有真正的道德。

（二）道德的起源

关于道德的起源，古今中外众说纷纭，诸如神启论、动物本能论、人的本性论等，但只有马克思主义的道德起源论才是科学的。

1. 神启论也即超验主义道德起源论。这种观点相信道德先天的存在，对任何有理性的人来说，道德是不证自明的，并认为道德是来自神灵的启示或超自然力量的规定。所以持这种观点的人把道德的起源看作是上天启示，认为道德是上帝或天的规定。欧洲中世纪经院哲学家托马斯·阿奎那就认为，人们所具有的美德，都来自上帝的启示。摩西十诫在西方伦理史上被称为“黄金定律”，奠定了基督教道德的基础：不可信仰别的神；不可亵渎上帝之名；谨守圣安息日；孝敬父母；不可杀人；不可奸淫；不可偷盗；不可作伪证陷害他人；不可贪恋别人的配偶；不可贪恋别人的财物。在中国，孔子提出道德来源于天的思想，“天生德于予”，而董仲舒对此做了进一步的发挥，“王道之三纲可求于天”，“道之大源出于天，天不变，道亦不变”。

2.天赋论也即人的本性道德起源论。这种观点把道德看作是人与生俱来的一种本性，即道德起源于人性本身。德国古典哲学家康德就是这一观点的代表。他认为道德原则既不是来自实证的经验世界，也不是来自上帝的启示，道德只能是来自人的“纯粹理性”，即道德原则只能从纯粹理性即人的精神意识中来。在康德看来，一个人的行为是否具有道德价值，完全以其是否出于善良意志为标准，道德就是善良意志发出的绝对命令。中国的儒家思想从“人性善”出发，认为道德存在于人的本性之中。如孟子就认为人与禽兽的根本区别在于人有自觉的道德观念而禽兽却没有，人所具有的善恶之心、恻隐之心、辞让之心、是非之心都根源于人的本性。

3.本能论也即人的互助精神道德起源论。这种观点以达尔文的进化论来说明人类的道德观念、道德情感和道德意识，认为道德起源于动物的社会本能。在本能论看来，动物之间同种或在一起生活的异种群，都具有一种互助精神。这种互相帮助和互相扶持，比互相竞争要重要得多，它对于种群的生存和发展来说都是必须的。显然，本能论认为人所特有的、与其他动物区别开来的道德品行的自然根据存在于某些动物所具有的合群性本能即社会本能里。道德起源的本能论把人类道德说成是动物本能的生理演化的继续，虽没有真正科学地揭示道德的起源，但却道出了道德得以起源的生理前提——动物的合群性本能。

4.禁忌论也即情感道德起源论。这种观点认为道德是尊敬、恐惧、崇拜、同情或追求幸福的欲望等。禁忌论认为原始初民在与自然抗争过程中所产生的恐惧感，及在此基础上形成的对社会共同体的归属感和敬畏感乃是人类道德得以产生的心理动因。列维.布留尔指出，禁忌是尚处婴儿时期的人类，由神秘直观的集体表象“引起该集体中每个成员对有关客体产生尊敬、恐惧、崇拜等等感情”[①]的结果。原始人在本能的安全感驱使下，出于对某些不可解释的现象的恐惧和敬畏，便以禁忌的方式制约和规范自己

①杜振古.道德的起源与人的需要[J].理论学刊，2003(9)：25.

的行为。弗洛伊德试图证明，人类最早的道德观念即体现在图腾制的禁忌之中。崇拜同一图腾的氏族成员，都必须尊重和保护自己的图腾，违者将受到全氏族人的严厉惩罚。在弗洛伊德看来，人们触犯禁忌会受到自己内心精神上的惩罚或他人的惩罚，即在禁忌中，已有了道德观念和道德行为的萌芽。总之，人类最早的道德观念、道德意识和道德行为，出现在原始氏族的图腾崇拜时期，当时的禁忌律令可视为最早的道德规范。而禁忌是一种心理和情感现象，所以道德实质上源于人的某种心理渴望或情感追求。18世纪英国经济学家亚当·斯密还指出，道德并不神秘，不是人生固有的，也不是外部来的启示，它是人类社会生活中慢慢发展起来的一种社会情感，即对同胞的同情心的发展的必然结果。道德的真正根源在于人自身，即人的生理欲望与心理机能。而功利主义者认为人生来有一种追求幸福的欲望，凡是能够满足这种欲望的行动，从而使人感觉快乐的，就是善，就是道德，反之就是恶，就是不道德。

5. 风俗论也即规则、惯例道德起源论。这种观点认为原始社会由于低下的生产方式和简单的社会关系，人类最初只能靠习俗和一些原始宗教以及酋长的威望来维持其生产和生活秩序。原始社会低下的生产力，要求人们在社会关系中必须达成一定规则、惯例，这样才能生存下去。慢慢地，那些习俗惯例发展成原始的道德规范。

6. 马克思主义道德起源论也即科学的道德起源论。马克思认为道德起源于劳动。首先，劳动创造了道德主体即人。人既是自然界进化的产物，又是社会劳动的产物。早在一百多年前，达尔文的进化论就从生物学方面解答了人类起源的问题，得出了“人是由古猿进化而来的”的科学结论。但从猿向人的转化又不是一个纯粹生物进化的过程，而是一个社会化的过程，其中劳动起了决定性作用。劳动让古猿有了四肢的分化，人脑得以最后形成，在劳动中还形成了人类交往的媒介即语言。总之，劳动创造了人，而人则是道德主体。其次，劳动创造了道德产生的需要。道德是应调整人际关系的需要而产生的，而人际关系的产生是在劳动中实现的。因为劳动不是个体的事，而是群体性活动，必然发生人际交往，从而形成各种人际关系，其中最主要的是人们之间的生产关系。而每一种人际关系都需要道德予以调整，所以劳动创造了道德需求。再次，劳动是道德变化、发展的动力。随着劳动资料、劳动方式、劳动对象等方面的变化，人们在劳动中建立的社会关系也会发生变化；劳动的发展还造就了人们之间社会关系的丰富性，因此调整社会关系即人际交往关系的道德也随之发展和丰富。例如，互联网的出现就造就了互联网中的道德规范。

总之，关于道德起源的非马克思主义观点，虽然在不同程度上反映了人们在探寻道德起源这一问题时所获得的认识成果，但从总体上看，这些观点又都是非科学的或者片面的。只有马克思主义道德起源论是科学的，科学地揭示了道德的本质，即道德是建立在一定经济基础之上，并为社会经济关系所决定的一种意识形态，道德的这一本质，是法律、政治、思想、哲学、艺术、宗教等意识形态和上层建筑形式所共同具有的。而从更深层次来看，道德所反映和体现的主要是人们之间的利益关系，人的内在的利益需求是道德产生的原动力。

（三）道德与利益

康德认为真正的道德起源于“理性”，全部道德概念都先天地坐落在理性之中，道德法则仅仅表达了纯粹实践理性的自律，并且这个善良意志及其实现与个人的利益需要和欲望之间没有关系。换言之，康德断言道德动机同利益没有任何关系，人们的道德行为仅仅是道德至善的体现。但康德的“纯粹善良意志”道德观遭到马克思恩格斯的批判：“康德只谈‘善良意志’，哪怕这个善良意志毫无效果他也心安理得，他把这个善良意志的实现以及它与个人的需要和欲望之间的协调都推到彼岸世界。”[①]也就是说，

①马克思恩格斯全集：第3卷[M].北京：人民出版社，1960：211-212.

按照马克思恩格斯的观点，康德的那种“与利益无关的道德”只存在于“彼岸”。因为“人们奋斗所争取的一切，都同他们的利益有关。”[①]道德行为也不例外，道德正是为了增进人们的利益而产生的。正如美国伦理学家蒂洛所指出的：关于“人为什么要有道德”这个问题，如果我们依据经验和理性来考察人类历史和人性，就会发现，人们有着许多共同的愿望、目标和需要，如友谊、爱情、幸福、自由、平等、安定等，为了满足这些需要，人们必须确立和遵循一定的道德原则，这些原则鼓励人们相互合作，使人们不必担心被伤害、被偷窃、被欺骗和被欺诈等。因此，“道德的产生是由于人类的需要，由于认识到以合作的和有意义的方式共同生活的重要性……坚守道德原则，能使人们尽可能生活得和平、幸福、充满创造性和富有意义。”[②]

但人们根据自己的体验会发现，一个人的道德行为似乎只是对他人、集体和社会有利，而对自己来说要压制自己的某些欲望、自由，甚至要牺牲一定的利益。简言之，道德行为似乎只是利他而不是利己的。例如普列汉诺夫就明确指出：利益是道德的基础，而这个利益不是人们通常所理解的个人利益，而是公共利益，即社会利益。共同的利益是道德的尺度和基础。[③]作为道德基础的利益不是对个人幸福的追求，而是“对整体的幸福，即对部落、民族、阶级、人类的幸福的追求。这种愿望和利己主义毫无共同之点。相反地，它总是要以或多或少的自我牺牲为前提。”[④]所以在普列汉诺夫看来，道德作为一种社会规范，必然强调个体对社会利益的服从和献身，限制和反对个体的利己行为，从而具有利他主义的特征。也就是说道德对个人来说是“恶”，对社会或公共利益来说是“善”，而且善的量要

---

①马克思恩格斯全集：第1卷[M].北京：人民出版社，1956：82.

②蒂洛.伦理学：理论与实践[M].孟庆时，程立显，译.北京：北京大学出版社，1985：30.

③普列汉诺夫.普列汉诺夫哲学著作选集：第2卷[M].曹葆华，译.北京：生活.读书.新知三联书店，1961：48.

④普列汉诺夫.普列汉诺夫哲学著作选集：第1卷[M].曹葆华，译.北京：生活.读书.新知三联书店，1959：551.

大于恶的量。

然而，道德真的是个人的“恶”吗？真的只有利于公共利益而对个人无益吗？如果是这样道德行为就会缺乏践行的基础，因为在私有制尚且存在的情况下，私心私欲依然是人们行为的主要动机之一。对此，马克思精辟地指出：“任何人如果不同时为了自己的某种需要和为了这种需要的器官而做事，他就什么也不能做。”[①]甚至休谟和霍布斯认为正义起源于人的自私和基于自私的理性约定。正义法则是人的理性法则，它们服务于人们的自私天性，并且为了人的自私天性的更好地满足而对这种天性实行了某种程度的约束和限制。休谟认为人们履行正义规则出于两种内在动机，即“自然的约束力”和“道德的约束力”。“自然的约束力”指的就是人们的自私天性，它在某种程度上约束一个人去为了自己的私利而遵守正义法则。“道德的约束力”虽然名为“道德的”，但这种动机的发生机制却是人的“好名心”，遵守正义法则会得到他人的道德赞许，这种赞许一定程度上满足了人们的“虚荣心”。换言之，人的道德行为并非对自己无利，更不是一种“恶”，而是能为自己带来利益的行为，如“好名声”、自我的肯定等。事实上，道德行为不仅利他，同样是利己的，或者说道德行为总是有利益回报的，只是回报的内容、方式、时间不同而已。从内容来说，道德行为的回报有物质的，也有精神的，如甲帮助了乙，乙出于感激给予甲一些金钱或其他物质回报，这就是道德行为的物质回报。而人们对道德规范践行者的赞誉等就是精神回报。从方式来说，道德行为的回报有他人回报和自我回报，他人回报是他人和社会对道德规范践行者给予的奖励或称赞，而自我回报就是道德规范践行者对自己的积极评价和认同以及由此带来的愉悦体验等。从时间来说，道德行为的回报有即时回报和长远回报，很多情况下人们践行道德规范并不是要立即兑现回报，而是指向遥远的将来，例如一些人把积德行善作为荫庇子孙的一种方式。下面这个小故事也能说明

①马克思恩格斯全集：第3卷[M].北京：人民出版社，1960：286.

道德行为需要利益回报：

据说春秋时期鲁国国君曾制订一个政策，凡是有人在国外看到鲁国人被贩卖为奴隶，应设法解救其回鲁国，而鲁国会给他相应的奖励。孔子的一个徒弟子贡是鲁国的一个大富豪，积极响应鲁国国君的号召，从国外解救了很多奴隶回国，但因为家中富有，他没有要鲁国的奖励，获得了鲁国人广泛的赞扬。但孔子听说这事后大骂子贡，因为子贡的做法会使别人在解救了鲁国奴隶后不好意思向鲁国国君要奖励，而没有奖励或回报，很多人特别是家境不富裕的人就失去解救鲁国奴隶的动力，久而久之这项好政策就会名存实亡。

总之，道德作为人们之间利益关系的反映和体现，从根本上说，它是人类在生产和生活的实践过程中，为了满足个体与群体生存和发展的需要，为了协调相互关系、实现社会稳定与和谐、求得共同发展的需要，为了人们自我肯定、自我完善和自我发展的需要而产生的。所以道德与人的利益追求息息相关。那种与利益毫无关系的、康德式的纯粹理性的道德或者说为“善”而“善”的道德，在现实生活中是无法被理解的，只能存在于遥远的“彼岸”。而且，以利益为基础的道德，不仅会增进公共利益，能够利他，同样也会增进道德行为者自己的利益，也会利己。

（四）道德的本质与作用、功能

1. 道德的本质。关于道德的本质，与道德的起源一样，观点纷呈。神启论认为道德本质上是神的谕令的体现，天赋论把道德本质归结为人性的产物，风俗论则认为道德本质上是人类发展过程中一些风俗习惯逐渐固定的结果。但只有马克思主义从深层次科学地揭示道德的本质：首先，道德本质上是一种实践着的精神。一方面人类的自觉意识是道德产生的前提，道德作为一种社会意识形态，是人类所特有的行为规范，也即实践规范。另一方面，道德是存在于人脑中的精神性的东西，需要通过人们的实践活动表现出来。也就是说，道德是这样一种精神：通过规范人们的行为活动使人们形成良好的行为方式，在不断对个体意识的约束和社会总体意识的引导中形成全社会所认可的一种行为习惯，离开人们的实践活动，人类的道德便无从谈起，可以说道德是和人类的实践活动融合在一起的一种精神，是一种实践的精神。从这个层面上来讲，精神和实践共同构成了道德本质的初级层面。

其次，道德本质上是社会物质关系，尤其是社会经济关系的产物。马克思恩格斯从唯物史观的角度解读道德的本质。他们认为道德是物质关系的产物，并指出："思想、观念、意识的生产最初是直接与人们的物质活动，与人们的物质交往，与现实生活的语言交织在一起的。观念、思维、人们的精神交往在这里还是人们物质关系的直接产物。"[①]道德作为一种实践精神，孕育于社会关系之中，并受社会关系的作用与影响，这种决定道德产生并受其决定的社会关系构成了道德本质。

再次，道德本质上是协调和解决个人与他人、个人与社会之间利益关系的结果。人们在生产生活过程中，会结成各种人际关系，包括个人与他人、个人与社会之间的关系等，最主要的最基础的是利益关系。在追逐利益的过程中，人们发现践行一些行为规范可以让各方增利，反之会使各方利益受到损失，久而久之。那些行为规范固定下来就会成为道德。

最后，道德本质是主体良心自律和社会导向作用的结果。从道德起源的整个过程来看，无论是社会利益矛盾的解决，还是社会经济关系的发展变化，道德的本质都是主体良心自律和外部世界规律性、必然性和必要性之间不断冲突及化解的过程。道德活动的目的是人的自我实现和社会的和谐稳定，其实现方式是对个体意识或行为的自我约束和限制，道德行为就是主体良心自律过程的不断外化，所以道德本质就在人类本性的感性与理性中实现冲突和超越，这是道德本质的最高层次。

①马克思恩格斯选集：第1卷[M].北京：人民出版社，2012：151-152.

从道德的性质来看，社会经济结构的性质决定着道德的性质，而社会经济结构实质上是社会阶级结构，所以道德具有阶级性。不同经济地位即不同阶级的人其道德观有很大的差异，甚至是相反的。例如：奴隶主阶级总是把奴隶对主人的服从看作是理所应当的道德，而奴隶则把人身自由看成是最高的道德准则；资产阶级认为私有财产神圣不可侵犯是道德的，而无产阶级则认为“剥夺剥夺者”天经地义。所以在阶级社会中，统治阶级总是想方设法把自己的道德打扮成全民的道德，竭力宣扬本阶级的道德具有普适性，用道德的力量维护自己的政治统治及其经济基础。因此，道德本质上是建立在一定经济基础之上的意识形态。

但由于人们社会生活中有很多共同要求，以及人们生活的生态环境和社会条件所具有的共性，道德也总是包含不完全依照统治阶级的意志而积淀的内容。所以道德除了具有阶级性的部分，也有普适性的部分。否则不同时代、不同阶级、不同国家和民族的道德就不会有相似或共同之处，人们之间也不可能有道德共识。

2.道德的功能。道德的功能，一般是指道德作为社会意识的特殊形式对社会发展所具有的功效和能力。而道德的功能是多方面的，但学界的共识是应该突出和掌握其主要的功能。那么，道德的主要功能是什么呢？著名的伦理学家罗国杰认为，道德的主要功能是认识（反映）功能和调节功能，其他功能都属于相对较低层次的功能，可归附于或交织于这两大基本功能之中。有些学者则将道德的主要功能概括为三种：调节功能、导向功能和教化功能，而且在不同的生活领域，主要功能不同。还有一些学者虽然把道德的功能归纳为多方面，诸如调节功能、教育功能、认识功能、沟通功能、激励功能等，但认为主要功能是调节、教育和认识功能。也有研究者把道德的主要功能概括的更多，诸如调节功能、教化功能、舆论监督功能、导向功能、开拓及创造功能，或者调节功能、教育功能、认识功能、管理功能、维护功能，或者命令功能、规约功能、教育功能、认识功能、调节功能和激励功能。

从上述观点可以看出，道德的功能主要包括道德的认识、规范、调节、激励、导向、教育等多个方面，但认识功能、规范功能、调节功能是其最基本的功能。

道德的认识功能是指道德反映社会关系特别是反映社会经济关系的功效与能力。道德的认识功能可以揭示社会道德发展的趋势，为人们的行为选择提供指南，在日常生活中，人们正是借助道德认识自己对社会、他人、家庭的道德义务和责任，使人们的道德选择、道德行为建立在明辨善恶的道德认识基础上，从而正确选择自己的道德行为，积极塑造自身的善良道德品质。

道德的规范功能是指在正确善恶观的指引下，规范社会成员在社会公共领域、职业领域、家庭领域的行为，并规范个人品德的养成，引导并促进人们崇德向善。“没有规矩，不成方圆”，这里的“规矩”实质上就是指“规范”。这句话意味着整个人类社会及其各种活动，都需要有“规矩”即“规范”来调节，否则，人类活动就不能进行，人类社会就会崩溃。而调节人们之间关系的规范有多种形式，诸如道德、法律、制度、纪律、禁忌、宗教教义、乡规民约等，而道德广泛渗透于人类生活的一切领域，深化于人的精神血脉之中，对人的规范作用最广泛、最深刻。

道德的调节功能是指道德通过评价等方式，指导和纠正人们的行为和实践活动，协调社会关系和人际关系的功效与能力。它主要是调节社会整体和个人的关系，调节个人与个人的关系，使个人、社会与他人的关系逐步完善和谐。张岱年先生说：“人与人之间，各自追求自己的利益，往往发生矛盾冲突。如果人与人之间的矛盾冲突过于激烈，毫无调和之余地，势必同归于尽。为了保持社会生活的继续存在，必须对于个人利益的冲突加以调节，使人与人之间遵守一定的行为准则。这类准则即是道德。道德即是调节社会中人与人之间的关系的基本准则。”[①]道德评价是道德调节的主要形式，社会舆论、传统习俗和人们的内心信念是道德调节所赖以发挥作用的力量。

3.道德的作用。道德的作用是指道德的认识、规范、调节、激励、导向、教育等功能的发挥和实现所产生的社会影响及实际效果。主要表现在于：一是作为一种重要的精神力量即意识形态，道德总是为与之性质相同的经济基础说话，论证其正当性合理性，同时反对异质性的经济基础，从而为促进同质性的经济基础的形成、巩固和发展服务；二是道德对法律政治意识，以及宗教、哲学、艺术观点等其他社会意识形态的存在有着重大的影响，总是支持同质性的其他意识形态发展，反对异质性的意识形态；三是道德通过调整人们之间的关系维护社会秩序和稳定；四是道德是提高人的精神境界、促进人的自我完善、推动人的全面发展的内在动力；五是在阶级社会中，道德是调节阶级矛盾和对立阶级之间开展阶级斗争的重要工具。

在道德作用问题上，要反对两种极端的看法，即“道德万能论”和“道德无用论”。“道德万能论”片面夸大道德的作用，认为道德决定一切、高于一切、支配一切，只要道德水平高，一切社会问题都可以迎刃而解。这种观点的根本错误在于，颠倒了社会存在和社会意识、经济基础同上层建筑之间的决定与被决定的关系，否定了物质资料的生产方式在社会发展中的决定作用。“道德无用论”则根本否认道德的作用，或者通过强调非道德因素的作用来否定道德的积极作用，或者通过强调道德的消极因素来否定道德的积极作用。这种观点的根本错误在于，忽视了道德作为上层建筑的重要组成部分，一方面是由经济基础所决定的，另一方面对经济基础和生产力发展有一定的反作用。片面强调其消极方面，或从根本上忽视其积极方面的存在，必然不利于道德作用的发挥。

---

① 张岱年.生命与道德[J].北京大学学报(哲学社会科学版)，1995(5)：31-32.

在看到道德具有重大作用的同时，也必须看到道德发挥作用的性质并不都是一样的。只有反映先进生产力发展要求和进步阶级利益的道德，才会对社会的发展和人的素质的提高产生积极的推动作用，否则，就不利于甚至阻碍社会的发展和人的素质的提高。

（五）道德的发展

纵观道德发展的历史，人类道德的发展是一个曲折上升的历史过程，虽然在一定时期可能有某种停滞或倒退现象，但道德发展的总趋势是向上的、前进的，是沿着曲折的道路向前发展的，或者叫作螺旋式上升、波浪式前进。所以那种“人心不古”“今不如昔”的说法是不对的。道德进步的主要表现是：道德在社会生活中所起的作用越来越重要，对于促进社会和谐与人的全面自由发展的作用越来越突出。道德调控的范围不断扩大，调控的手段或方式不断丰富，更加科学合理。道德的发展和进步也成为衡量社会文明程度的重要尺度。

二、中华传统美德

传统道德是历史上不同时代人们的行为方式、风俗习惯、价值观念和文化心理的集中体现，是对道德实践经验的提炼总结。中华传统美德是指中国历史上流传下来的，具有影响、可以继承、有益于后代的优秀道德遗产，是中华优秀文化的重要组成部分。

（一）中华传统美德的内涵

至今为止，学界对中华传统美德的界定及所指仍存有分歧。例如罗国杰从不同社会生活领域来界定传统美德的内涵，认为传统美德由基本美德、职业美德、家庭美德和文明礼仪四部分构成。其中基本美德涉及正义、仁爱、中和、诚信、节制等十八个德目；职业美德涉及官德、民德、商德、师德等内容；家庭美德涉及亲子、夫妇、长幼三个层面的内容；文明礼仪涉及尊老敬贤、待人接物、仪态言谈、庆典婚丧、交朋择友五个方面的内容。张锡勤从传统道德的历史流变角度概括传统美德的基本内涵，指出孝、忠、恕、廉、耻、让、勤俭、贵和、知报、中庸、自强等32个德目，可用以概括传统美德的全貌。张立文从传统道德所具有的思维整体性出发，把传统美德概括为六个范畴群：人心德目群，包括爱、耻、善、毅、诚等；家庭德目群，包括孝、悌、慈、敬、友等；人际德目群，包括仁、义、信、恭、恕等；社会德目群，包括忠、廉、德、公、洁等；世界德目群，包括和、合、强、美等；自然德目群，包括顺、道、和等。陈来先生则着眼于传统美德的内在特质对其进行分类界定，认为传统美德可以分为性情之德（齐、圣、广、渊、宽、肃、明、允）、道德之德（仁、义、勇、让、固、信、礼）、伦理之德（孝、慈、悌、敬、爱、友、忠）、理智之德（智、咨、询、度、诹、谋）四种类型。

而教材根据中华传统美德表现出的基本精神把其概括为五个方面：一是注重整体利益、强调责任奉献。强调对社会、民族、国家的责任意识和奉献精神。诸如：主张“公义胜私欲”，“以公灭私，民其允怀”，“国而忘家，公而忘私”，“先天下之忧而忧，后天下之乐而乐”等。二是崇仁爱原则，注重以和为贵。如主张“仁者爱人”，“推己及人”，“己所不欲勿施于人”，“老吾老以及人之老，幼吾幼以及人之幼”等。三是提倡人伦价值，重视道德义务。中华传统美德非常重视每个人在人伦关系中的地位及其价值，强调每个人都要根据规范要求，来尽自己的应尽义务。四是追求精神境界，向往理想人格。把“义”即道义放在第一位，主张“舍身取义”，“君子爱财，取之有道”，强调人要明辨是非，认为“无是非之心，非人也。”为了追求正义，要求人们“明智”，即努力学习，“博学之，慎思之，明辨之，笃行之”等。五是强调道德修养，注重道德践履。强调主体在完善自身的过程中发挥自己的主观能动性。“吾日三省吾身”，“穷则独善其身，达则兼济天下”，“修身齐家治国平天下”，“察色修身”，“以身戴行”等。另外还有“讲求谦敬礼让，强调克骄放矜”“倡导言行一致，强调恪守诚信”等。

（二）中华传统美德的时代价值

中华传统美德是中华民族在漫长的历史进程中形成的，历经奴隶社会、封建社会等，根据道德的阶级性特点，传统美德还适合当今时代吗？换言之，那些道德规范还有时代价值吗？首先，人们社会生活中有共同需求，如良好的生态环境、安定的社会秩序、和谐的人际关系等，因此道德也总是包含不完全依照统治阶级的意志而积淀的内容。所以道德除了具有阶级性的部分，也有普适性的部分。因此，道德既具有时代性又具有永恒性，即一个民族的道德观念和行为总是受其所经历的社会制度的制约，打上时代的烙印；同时道德作为一个民族维系其群体生活的精神支柱，其中又含有永恒的价值取向，不因某一社会制度的变迁而消失。①

从中国特色社会主义建设实践来看，中华传统美德有以下几方面价值：

1.为中国特色社会主义现代化建设提供精神力量。中华传统美德是传统文化的灵魂，与马克思主义具有相容性，有利于马克思主义中国化，有利于社会主义文化建设，能够为社会主义现代化建设凝聚力量、提供精神支撑。

2.有利于增强文化自信。1840年鸦片战争之后，随着中国一步步沦为半殖民地境地，西方文化影响日益加强，中国传统文化日渐式微，崇洋媚外思想渐渐有了市场。一些中国人在反思自己落后挨打的过程中，认识到

①朱伯崑.谈传统道德的两重性[J].群言，1995(7)：5-7.

传统文化中的落后因素。但在批判落后文化因素的同时，那些传统美德也被一并抛弃，中国的文化自信心受到严重侵害。如今以美国为代表的西方发达国家大搞价值观输出，以此论证西方政治制度、生活方式、经济模式，甚至人种的优越性，论证西方中心论的合法性，同时企图对中国特色社会主义进行文化渗透。在这种情况下，增强文化自信，弘扬中华文化具有重要意义。而文化自信源于并依存于伦理精神自信，只有大力培育伦理精神自信并以此推进和支撑文化自信，形成修德达善的功夫及其内在力量，即古人所言的“太上立德”，才会使“立功”和“立言”的政治经济建设和文化建设获得持久的精神依傍，产生“尊德性而道问学”的妙用。①而弘扬中华传统美德就是培育伦理精神自信的有效途径。

3.奠定社会主义道德建设的基础。道德建设是中国特色社会主义事业的重要组成部分，但道德发展具有继承性。中国特色社会主义道德不是无根之木、无水之源，中华传统美德滋养社会主义道德建设。

（三）中华传统美德的继承和弘扬

继承和弘扬中华传统美德必须找到契合当代中国社会发展的路径，否则所谓的继承和弘扬只能停留在理论层面。为此，学界提出了“融入论”“改良论”“变革论”这三种较有代表性的观点。“融入论”认为传统美德并不能通过自我更新而形成独立的道德体系，只有融入中国特色社会主义道德体系建设中，才能实现现代化。在这个过程中，传统美德是社会主义道德体系建设的重要思想来源，以传统美德丰富社会主义道德，作为一种解释性内涵隐含在社会主义道德体系之中，其外在形式不应保留。“改良论”认为传统道德在自身改良的基础上吸纳社会主义道德及西方道德中有价值的内容，通过对传统美德做出新的解释以及补充，使中华传统美德更新并加以普及，便可自然独立成为一种新的道德，建设新道德不必也不可能完

①王泽应.伦理精神自信是文化自信的核心和根本[J].道德与文明，2011(5)：16-21.

全另起炉灶。“变革论”认为传统美德现代转化的关键是要对其赖以存在的伦理文化体系进行根本性的变革，要首先打碎传统伦理体系的枷锁，才能使传统美德获得再生。

其实，对传统美德现代化的上述观点进行概括，无非是将中华传统美德进行创造性转化和创新性发展。

1. 中华传统美德的创造性转化。中华传统美德是在历史的进程中形成的，必然带有那个时代的特点，受过去时代条件的制约，不完全符合现代社会的要求，所以需要进行创造性转化。例如，传统美德中的“礼”，本来是祭祀，但它具有复杂的内容。也就是说，它意味着社会制度、行政组织、祭祀、仪式、人伦规范、社交方式等一切公私活动中的行为规范。所以，无论什么人，在社会生活中都要服从礼，这是理所当然的。然而，传统的“礼”主要指那些尊尊卑卑、父父子子、君君臣臣的等级秩序和宗法礼制，原封不动地遵循传统的“礼”当然不符合现代社会要求。因此应该根据时代的要求，把传统的守“礼”转化为遵守当代的法律制度和道德规范、纪律等。因此，弘扬中华传统美德，必须通过科学的分析和鉴别，把其中带有阶级和时代局限性的成分剔除出去，把其中具有当代价值的道德精神发掘出来，总结传统美德中丰富的思想道德资源，对中华传统美德的德目、观点进行新的诠释和激活，结合现代生活赋予其新的时代内涵，努力推动中华传统美德的创造性转化和创新性发展。

2. 中华传统美德的创新性发展。用中华传统美德滋养社会主义道德建设，要结合时代要求，按照是否有利于推进中国特色社会主义事业，是否有利于建设社会主义道德体系，是否有利于培育和践行社会主义核心价值观的标准进行，坚持古为今用、推陈出新的原则，为社会主义道德建设提供丰厚的道德资源，赋予社会主义道德和共产主义道德以鲜明的民族特色。为此，就要对中华传统美德进行创新性发展。例如，在几千年的历史中，中国人一直把“忠”作为美德。然而，作为传统美德的“忠”主要是“臣忠”，即人们对君主、主人的个人忠诚，不符合时代要求。因此，要根据中国特色社会主义事业的要求和建设社会主义道德体系的需要，对“忠”的内涵推陈出新，赋予“忠”新的内涵，即忠于党、忠于国家、忠于人民。

总之，中华传统美德的现代化发展要反对两种错误思潮。一种是复古论，认为道德建设的最终目标就是要恢复中国“固有文化”，形成以中国传统文化为主体的道德体系。另一种是虚无论，认为中国传统道德从整体上来说在今天已经失去了存在价值和意义，必须从整体上予以全盘否定。这两种观点都是错误的，割断了道德的历史与发展的关系，违背了事物发展的辩证规律，都不利于社会的发展和道德的进步。要树立高度的文化自觉和文化自信，深入挖掘中华优秀传统文化蕴含的思想观念、人文精神、道德规范，立足于面向大众、服务人民的要求，结合时代要求继承创新，使传统美德与日常生活水乳交融，让传统美德中蕴含的伦理精神点点滴滴地融入人们的生活，发挥中华传统美德的化育功能，不断丰富人们的精神世界，增强人们的精神力量，让中华文化展现出永久魅力和时代风采。

三、中国革命道德

中国革命道德是指中国共产党人、人民军队、一切先进分子和人民群众在中国革命、建设、改革中所形成的优秀道德，是马克思主义与中国革命、建设、改革的伟大实践相结合的产物，是中华民族极其宝贵的道德财富。中国革命道德萌芽于五四运动前后，发端于中国共产党成立以后蓬勃发展的伟大工人运动和农民运动，经过土地革命战争、抗日战争、解放战争以及社会主义革命、建设、改革的长期发展，逐渐形成并不断发扬光大。

（一）中国革命道德的内涵

道德是反映和调节人们之间利益关系的行为规范，是由社会存在所决定的一种特殊的社会意识形态，是在一定物质基础上生成的。所以革命道德是与革命时期社会经济状况相适应的，调解革命者之间利益关系的行为规范，与社会主义道德和共产主义道德一样，同属于无产阶级道德体系。其主要内涵体现在以下方面：

一是为实现社会主义和共产主义理想而奋斗。列宁指出：共产主义道德则是从无产阶级阶级斗争的利益中引申出来的，是为无产阶级的最终目标——实现共产主义服务的[①]，“为巩固和完成共产主义事业而斗争，这就是共产主义道德的基础”[②]。坚持社会主义、共产主义理想和信念的不屈不挠的精神，是革命道德的灵魂。无数革命先烈，正是为了实现这样一个崇高的理想，毫不犹豫地献出了自己的生命，表现出的品质包括：一不怕苦、二不怕死，坚贞不屈、勇于献身，等等。

二是全心全意为人民服务。中国共产党没有自己的私利，以全心全意为人民服务为宗旨，要求革命人士和先进分子毫不利己、专门利人，“一刻也不脱离群众；一切从人民的利益出发，而不是从个人或小集团的利益出发。所以从一定意义上讲全心全意为人民服务是中国革命道德建设的出发点和落脚点，承载着新民主主义革命、社会主义建设和社会主义改革的价值归属，更是中国革命道德的本质属性。

三是始终把革命利益放在首位。个人利益一般指个人及其家庭生存发展的各种需要，革命利益则是指国家、集体和人民大众利益。从最终意义上来说，革命是为了增进每一个人的利益。但个人利益有时不可避免地会与革命利益不一致，甚至发生矛盾。革命道德要求个人利益服从国家、集

①列宁选集：第4卷[M].北京：人民出版社，1995：289.

②列宁选集：第4卷[M].北京：人民出版社，1995：292.

体利益，即“以革命利益为第一生命，以个人利益服从革命利益”。正如邓小平所说：“为了国家和集体的利益，为了人民大众的利益，一切有革命觉悟的先进分子必要时都应当牺牲自己的利益。”①当然，从根本上说，革命利益与个人利益具有一致性，维护革命利益才能最有效地保护个人利益。

四是树立社会新风，建立新型人际关系。“树立社会新风，建立新型人际关系”是革命道德在社会生活层面的体现，包括树立人人平等意识，破除等级观念和特权思想，破除鄙视劳动和劳动人民的旧道德观念，保护妇女、儿童和老人的合法权益，引导建立新型家庭关系和培育良好家风，等等。

五是修身自律，保持节操。中国革命道德要求共产党人、人民军队、一切先进分子和人民群众要特别重视加强个人道德修养，要做到以中国革命事业为重，严于律己，谦虚谨慎；淡泊名利，清正廉洁；襟怀坦白，光明磊落；始终保持高风亮节，展现出高尚的人格力量。

（二）中国革命道德的当代价值

革命道德虽然主要是在革命时期形成的，当时的物质条件、社会实践以及人们的利益关系与当今时代有很大不同，但革命道德是马克思主义伦理指导下形成的道德，与共产主义和社会主义道德同属于无产阶级道德体系，在当今时代不仅不过时，且仍然具有巨大的时代价值。

1.有利于加强和巩固社会主义和共产主义的理想信念。道德作为一种特殊的意识形态，对社会存在有着巨大的反作用。列宁说：“人的意识不仅反映客观世界，并且创造客观世界。”这说明思想意识具有能动性，对一个国家的经济基础和上层建筑其中巨大的反作用。毛泽东指出：“凡是要推翻一个政权，总要先造成舆论，总要先做意识形态方面的工作。革命的阶级是这样，反革命的阶级也是这样。”习近平更具体地解释道：“一个政权的瓦解往往是从思想领域开始的，政治动荡、政权更迭可能在一夜之间发生，

①邓小平文选：第2卷[M].北京：人民出版社，1994：337.

但思想演化是个长期过程。”思想防线被攻破了，其他防线也就很难守住。我们必须把意识形态工作的领导权、管理权、话语权牢牢掌握在手中，任何时候都不能旁落，否则就要犯无法挽回的历史性错误。简言之，意识形态工作事关国家兴亡盛衰。一个没有意识形态防线的国家会自我衰亡。而道德是意识形态的一个主要组成部分，它通过影响和控制人的思想意识，让人们认同它所维护的经济基础、上层建筑，促进它所维护的社会形态的发展。

革命道德与社会主义和共产主义道德相一致，它促使人们认同和信仰社会主义和共产主义的经济基础、上层建筑，激发人们树立社会主义和共产主义理想，并为之不懈奋斗。

2. 有利于培育和践行社会主义核心价值观。中国革命道德形成于中国革命、建设、改革之中，继承了中华传统美德，是先进价值观在道德领域的集中体现，蕴含着培育和践行社会主义核心价值观的丰富思想道德资源。所以在新的历史条件下，继承和弘扬中国革命道德，有助于人们深刻理解社会主义核心价值观的科学内涵和历史底蕴，增强价值观认同。

3. 有利于引导人们树立正确的道德观。社会主义市场经济的发展使利益分化、利益多元化成为现实。面对多元化的利益诱惑，如何处理个人利益与国家、集体利益事关中国特色社会主义事业的成败。弘扬革命道德，能够引导人们正确对待个人利益和社会利益、国家利益，能够帮助人们在深刻把握历史、认识社会、审视人生的基础上，积极投入到决胜全面建成小康社会、夺取新时代中国特色社会主义伟大胜利的新征程中去。

4. 有利于培育良好的社会道德风尚。改革开放以来，中国取得了举世瞩目的发展成就，我国道德领域的主流也是积极、健康、向上的。但面对多元化的利益诱惑，仍然存在着诸如金钱至上、诚信缺失、奢侈浪费、贪污腐败这样一些失德失范的问题，严重损害了群众利益，腐蚀了人们灵魂，污染了社会风气。发扬光大革命道德有利于培育良好的社会道德风尚，净化社会人际关系，抵制各种腐朽思想，树立浩然正气，凝聚崇德向善的正能量，形成良好的社会风气。

（二）大学生如何弘扬中国革命道德

1. 努力学习中国革命史。中国革命主要形成于中国共产党领导的新民主主义革命和社会主义革命、改革和建设的过程中，所以学习中国革命史，了解中国共产党人带领广大人民群众进行革命斗争的艰苦实践，了解共产党员、先进分子和革命群众在革命中的英雄事迹和道德行为，真正体会中国革命道德的本质内涵、历史意义和当代价值，才能进而认同革命道德、信仰革命道德。

2. 自觉同各种歪曲历史、诋毁英雄的历史虚无主义思潮作斗争。改革开放以来，随着国门的打开，西方各种思潮也纷纷涌进国门。一些敌对势力为了达到和平演变中国的目的，采取歪曲事实、造谣等手段，诋毁中国人民的英雄、领袖，尤其是革命过程中的英雄、领袖，企图摧毁中国革命道德的根基，进而消解中国革命道德。对此，大学生要有清醒认识，努力同历史虚无主义思潮作斗争，增强对革命道德的认同感。

3. 勇于实践。道德规范仅仅是思想意识方面的东西，只有转化为实践即变成道德行为，才能真正发挥道德的规范作用。革命道德也是如此，如果大学生仅仅学习和认知了革命道德规范，但没能变成自己的道德行为，那些道德规范就变成了没有实际意义的口号。所以，大学生要把革命道德规范落实到日常学习、工作之中，在日常生活中用于践行革命道德规范。

四、社会主义道德建设

推进社会主义道德建设，必须坚持以为人民服务为核心、以集体主义为原则，加强社会公德、职业道德、家庭美德建设，提升公民个人品德。

（一）社会主义道德的本质

马克思主义认为道德是一种特殊的意识形态，是在一定的物质生产和经济生活中产生的，由社会经济基础所决定，同时对经济基础具有反作用。所以任何一种道德都必然源于一定社会的经济基础，并且反映和维护着一定的生产关系、利益关系和交往关系。社会主义道德也是如此，植根于社会主义公有制为主体的经济基础，与社会主义的经济、政治、文化状况相适应，是在生产社会化条件下社会主义经济关系、利益关系和交往关系的反映。从阶级性来看，社会主义道德以马克思主义的世界观为指导，由无产阶级自觉培养起来，所以属于无产阶级道德，本质上从属于共产主义道德体系，是共产主义道德在社会主义历史阶段的具体体现。

（二）社会主义道德的要求

1. 以为人民服务为核心。早在新民主主义革命时期，毛泽东就深刻阐发为人民服务思想："全心全意地为人民服务，一刻也不脱离群众；一切从人民利益出发，而不是从个人或小集团的利益出发；向人民负责和向党的领导机关负责的一致性；这些就是我们的出发点。"[①]1945年中国共产党的"七大"把"为人民服务"写入党章，并从此确立为党的宗旨。中华人民共和国成立后，"为人民服务"成为历代党和国家领导人反复强调的执政思想。毛泽东等党和国家领导人多次强调和阐述这一思想。1957年3月18日，毛泽东在济南党员干部会议上的讲话中强调："共产党就是要奋斗，是要全心全意为人民服务，不要半心半意或者三分之二的心三分之二的意为人民服务。"[②]1978年9月，邓小平同志指出："正确的政治领导的成果，归根结

①毛泽东选集：第3卷[M].北京：人民出版社，1991：1094-1095.

②毛泽东文集：第7卷[M].北京：人民出版社，1999：285.

底要表现在社会生产力的发展上，人民物质文化生活的改善上。”[①]邓小平动情地表示：“我们太穷了，太落后了，老实说对不起人民。”[②]他指出：要把“人民赞成不赞成、人民高兴不高兴、人民满意不满意、人民答应不答应”作为评判一切工作是非成败的标准——我们称之为“人民标准”。江泽民在阐述“三个代表”重要思想时，要求中国共产党要“代表最广大人民利益”，强调“贯彻‘三个代表’要求，关键在坚持与时俱进，核心在保持党的先进性，本质在坚持执政为民。”[③]胡锦涛则指出：“各级领导干部要坚持深入基层、深入群众，倾听群众呼声，关心群众疾苦，时刻把人民群众安危冷暖挂在心上，做到权为民所用、情为民所系、利为民所谋。”[④]而习近平进一步提出“以人民为中心”思想，掷地有声地表示：“人民对美好生活的向往，就是我们的奋斗目标。”[⑤]这意味着党和干部的奋斗目标要奔人民而去，手中权力为人民所用，根本利益为人民所谋，工作好坏由人民评定，心中位置数人民最高，人民和干部是主仆关系。

在中国革命、建设和改革过程中，为人民服务思想不仅成为党员、干部的政治要求，也逐渐成为对他们的道德要求。同时“为人民服务”的思想还贯穿在大、中小学的教材中，贯穿在对模范人物事迹的宣传中，在整个中国大地上传播开来，成为整个社会的道德要求，并逐步深入人心。

道德反映了人的自律精神，“为人民服务”的道德意味着人民是道德的立法者，体现的是人民的意志，所以遵循“为人民服务”的道德规范是人民的自觉行动。从本质上看，“为人民服务”的道德规范是我国在经济、政治、文化条件下坚持社会主义道路的内在要求，“为人民服务”反映了社会主义社会的经济基础、政治制度和思想文化的客观要求，以公有制为主

---

①邓小平文选：第2卷[M].北京：人民出版社，1994：128.

②邓小平年谱：上[M].北京：中央文献出版社，2004：381.

③江泽民.高举邓小平理论伟大旗帜 全面贯彻“三个代表”要求 与时俱进努力开创建设有中国特色社会主义事业新局面[J].党建，2002(7)：4.

④胡锦涛文选：第2卷[M].北京：人民出版社，2016：9.

⑤习近平谈治国理政：第1卷[M].北京：外文出版社，2018：4.

体和以按劳分配为主体，是为人民服务的根本制度保证。在此基础上，每个劳动者和建设者之间逐步形成的团结互助、平等友爱、共同进步的人际关系。他们都在为社会、为他人同时也是为自己而劳动和工作，同时每个人也都接受他人的服务，即每个人都是服务对象，又都为他人服务，全体人民通过社会分工和相互服务来实现共同利益。为人民服务是先进性要求和广泛性要求的统一。为人民服务，既伟大又平凡，既高尚又普通，它并非高不可攀、远不可及，而是可以通过不同层次、不同形式表现出来。在今天，毫不利己、专门利人、无私奉献是为人民服务；顾全大局、先公后私、爱岗敬业、办事公道是为人民服务；同志间、师生间、同学间互相关心、互相爱护、互相帮助是为人民服务；热心公益、助人为乐、见义勇为、扶贫帮困、扶残助残也是为人民服务；遵纪守法、诚实劳动并获取正当的个人利益同样是为人民服务。那种认为为人民服务只适于党员干部而不能推广到全体人民的看法是一种片面认识。

2. 以集体主义为原则。集体主义道德是社会主义道德的原则。关于集体主义道德，不能泛泛地理解为集体利益高于个人利益，个人利益服从集体利益。因为从主观和客观唯心主义立场和群居动物本能论均可得出上述结论，而只有以马克思主义为基础的集体主义道德才是社会主义所提倡的集体主义道德。

客观唯心主义的哲学立场。诸如黑格尔、谢林等基于客观唯心主义的哲学立场，把个人对集体的神圣崇拜以及集体利益对个人利益的优先性等视为绝对理念，并认为是人的理性的体现。由此引出的集体主义道德被看作凌驾于历史与社会之上的“恒久单纯的原则”。这种道德主张集体目标优先于人的理想与需要、个人对集体具有无条件服从与自我牺牲等道德义务。例如《国际伦理百科全书》就断言：“个人有义务为了集体的利益而自我牺牲，不管这些集体是阶级、种族、部落、家庭还是民族，个人都必须为了集体而做出自我牺牲。”

主观唯心主义的哲学立场。一些主观唯心主义者把集体主义道德看作是从属于集体的个人的良知、内心活动或者自由意志的产物，片面地强调集体主义道德的神圣性和可建构性，忽视了人们按照集体主义原则择取道德理念与实施道德行为的利益导向性，而把行为者的道德意志与现实的物质利益完全割裂开来，并使之成为纯粹思想上的概念规定和道德假设。

群居动物的本能。这种观点认为所有群居动物都具有社会性，都有群居为乐、团结互助的合群性特征，因此本能地具有集体主义道德。这种观点实际否认了人与一般群居动物的本质区别，即忽视了在人的社会属性背后起决定作用的实践性和文化性，而且掩盖了物质生产实践与历史文化传统在人的集体主义道德品格形成中的重要地位，把集体主义道德的产生归于人的自然属性基础之上的单纯的利他主义品质。

简言之，上述观点所说的“集体”要么基于人的理性精神或主观意志的抽象物，要么基于人的生物本性，没有把人看作具体的、现实的和社会的人，把抽象化的集体目标凌驾于个人权利之上，个人沦为了为集体目标而服务的工具。而且，上述观点还容易过度地追求集体功利的最大化，甚至把集体中的精英领袖主观构想出来的某些道德原则视作集体主义道德而强加给社会和个人，使得“集体主义道德”丧失了对个人正当权利的尊重，所以应该被称作“虚假集体主义道德”。

每一种生产方式都会衍生相应的道德形态，“财产的任何一种社会形式都有各自的‘道德’与之相适应。”①所以道德是一种特殊的意识形态，是在一定的物质生产和经济生活中生成发展的，同时反映和维护着一定的生产关系、利益关系和交往关系，而具有客观的社会历史文化内容。作为社会主义社会道德原则的集体主义道德，是生产社会化时代社会主义经济关系的产物，根植于无产阶级革命实践。社会化生产使分工协作、集体行动和集体利益成了社会道德体系的基本范畴，平等互助、共同劳动与相互

①马克思恩格斯文集：第3卷[M].北京：人民出版社，2009：214－215.

合作也逐步成了社会的基本道德规范，最终萌生了集体主义道德。在集体主义形成过程中，工人阶级是其实践主体。在社会主义初级阶段，集体主义作为社会主体道德形态，规范着与其共存的多种道德形态，使整个社会道德体系被理解和组织成一个一致的同向的道德体系。在共产主义社会中，它将脱离无产阶级的阶级主体性，成为自由而全面发展的人的一般道德观念。

集体主义虽然重视集体利益，但并不排斥个人的正当利益。所谓的“个人正当利益”是指具有非排他性和相容性特征。所谓非排他性，即是无害于集体利益与他人的正当利益。所谓相容性，即是个人利益的实现同时能促进他人和集体利益的增长。例如，一个人为了追求身心愉悦，在不影响他人的情况下听音乐、看电视就是个人利益的非排他性。一个人为了追求个人的物质利益，努力工作、投资办厂，在实现个人利益的同时，也会为他人、社会、国家带来就业、财富和税收的利益，这就是个人利益的相容性。个人与集体关系是辩证的，一方面任何个人都不能脱离于集体生活，集体不仅为个人的生存发展提供物质生活资料，而且决定个人的精神生活，生成个人的道德理念。正如马克思所言，“只有在共同体中，个人才能获得全面发展其才能的手段，也就是说，只有在共同体中才可能有个人自由。”[①]另一方面集体是个人与个人进行社会联合的结果，个人的生活价值是集体生活的充分反映，人们结成集体就是为了让个人有更好的发展，而不是要让个人生活得更差，所以个人合法利益要得到保障。集体主义道德观主张，既要强调集体利益对个人利益的优先性、个人道德的可建构性，又要防范在道德建构过程中由于集体权威或精英人物对个人正当利益的侵害。而且，为了维护个人的正当利益和保护集体利益，集体主义道德要以实现人的解放为价值诉求，运用集体权威支持正当的道德行为，并惩戒失范的道德行为，以此建立行为者道德行为的确定性赏罚机制。所以社会主

①马克思恩格斯文集：第1卷[M].北京：人民出版社，2009：571.

义集体主义道德观是集体利益与个人利益的辩证统一。

3. 推进社会主义道德建设的主要内容。推进社会主义道德建设的主要内容包括社会公德、职业道德、家庭美德和个人品德。

社会公德即公共生活中的道德规范，是指人们在社会交往和公共生活中应该遵守的行为准则，主要内容包括文明礼貌、助人为乐、爱护公物、保护环境、遵纪守法等。

公共生活是指人们在公共空间里发生相互联系、相互影响的共同生活，它与私人生活相对应。而私人生活是指以家庭内部活动和个人活动为主要领域的生活。一般地，人们在私人领域以外的生活都是公共生活。其实，判断人们的活动是公共生活还是私人生活，主要不是看活动空间在家庭内部还是家庭以外，最关键的是看人们的活动是否与他人有直接或间接地联系，是否影响他人。例如，一个人在自己的房间内上网发帖、发邮件或给家庭成员以外的人打电话，就是在与他人联系，就会影响他人，就是在进行公共生活。与私人生活的封闭性和隐秘性不同，公共生活具有鲜明的开放性和透明性，对社会的影响更为直接和广泛。而且，随着生产力的发展，公共生活越来越呈现出活动范围的广泛性、活动内容的开放性、交往对象的复杂性和活动方式的多样性。公共生活需要秩序，没有秩序的人类生活是无法持续下去的。维护公共生活秩序的手段最主要的是道德与法律，维护公共生活秩序的道德规范就是公共道德。所以公共道德是维护公共生活秩序的重要基础，是提高社会成员生活质量的基本保障，更是社会文明的重要标志。

例如，当你到一个地方发现那里的人自觉排队、不闯红灯、说话和气、爱护花草树木、公交车上自觉向老弱病残孕者让座，等等，就会自然而然地认为这个地方的人素质高，这个地方的公共生活也必然井然有序。而人们的上述表现实质上就是践行了文明礼貌、助人为乐、爱护公物、保护环境、遵纪守法等公共道德规范。

职业道德即职业生活中的道德规范，是指从事一定职业的人在职业生活中应当遵循的、具有职业特征的道德要求和行为准则，其基本内容包括爱岗敬业、诚实守信、办事公道、服务群众和奉献社会。

职业是人们在社会中所从事的作为谋生手段的工作。一般地，从事职业活动的人要有一定的知识和劳动能力，要获得相应的报酬以满足自身及其家庭的物质和精神生活需要。但人们从事职业活动的主要目的并不仅仅是为了谋生，职业活动也是人们参与社会活动、实现人生价值的平台。职业也会随着生产力和社会分工的发展而不断地丰富。人们的职业生活实质上也是公共生活，但鉴于职业的特殊性，还需要职业道德调整人们之间的关系。职业生活是否顺利、是否成功，既取决于个人的专业知识和技能，更取决于个人的职业道德素质，所以践行职业道德是职业生活顺利、成功的一大关键因素。

例如，被誉为“经营之神”的台塑集团老板王永庆，小学毕业时就因家境贫寒而辍学到一家米店当学徒。但他当学徒与别人很不一样。当时大米加工技术比较落后，出售的大米里混杂着米糠、沙粒、小石头等，买卖双方都是见怪不怪。王永庆则多了一个心眼，每次卖米前都把米中的杂物拣干净，而且还送米上门。他这个小小的举动令不少顾客深受感动，铁了心专买他的米。第二年，他父亲借了200元钱做本金，让王永庆自己开了个小米店，生意迅速红火起来。从此，王永庆事业蒸蒸日上，最终成为商界的风云人物。

显然，王永庆的身上全面体现了职业道德的要求：由于爱岗，他才有动力、有兴趣想方设法做好自己的工作，为敬业提供强大的支撑力量。由于敬业，使他对工作一丝不苟，细致入微。由于诚实守信，他把大米里混杂着米糠、沙粒、小石头等拣出来。由于办事公道，他童叟无欺，一视同仁。由于有服务意识，他送米上门，还帮人家将米倒进米缸里。总之，王永庆的成功虽然原因很多，但他恪守职业道德是成功的重要原因之一。

家庭美德是恋爱、婚姻和家庭中的道德规范，体现为注重家庭、注重家教、注重家风，遵守恋爱、婚姻家庭生活中的行为规范。恋爱、婚姻和家庭是很多人一生中必经的人生阶段。所以一个人想要走好自己的人生之路，实现自己的人生价值，不仅需要发展好自己的事业，还要有一个和谐的家庭。在现实生活中，有些人事业有成，但因为家庭关系处理不好最终走向失败的人生境地。例如，20世纪90年代因经营医疗保健品起家的林君言事业发展一帆风顺，成为吉林省著名的千万富翁。然而，富裕之后的林君言出门、吃饭都要讲派头，有三辆奔驰车相伴，也不再忠于家庭和婚姻。与他同甘共苦的妻子因此与他离婚。此后，林君言又结了两次婚，都因他在外面寻花问柳最终导致家庭离散，家产也因为林君言生活铺张而渐渐耗尽。1999年林君言因饮酒过量导致脑出血，说话含混不清，生活上不能自理，最终成为一个靠施舍度日的“痴呆”乞丐。

在家庭生活中，要遵循尊老爱幼、男女平等、夫妻和睦、勤俭持家、邻里团结等家庭道德规范。上述事例的主人公林君言就违背了家庭美德。首先，林君言的铺张浪费，违背了勤俭持家的家庭美德。其次，林君言不忠于婚姻和家庭，违背了男女平等、夫妻和睦的家庭美德。

家庭和谐的前提和基础是婚姻的幸福，而婚姻幸福又源于夫妻之间牢固的爱情基础。因此，建立和谐的家庭首先需要有正确的恋爱观，践行恋爱中的道德规范。爱情是一对男女基于一定的社会基础和共同的生活理想，在各自内心形成的相互倾慕并渴望对方成为自己终身伴侣的一种强烈、纯真、专一的感情。

恋爱中的道德规范主要有尊重人格平等、自觉承担责任和文明相亲相爱。践行恋爱中的道德规范，是树立正确的恋爱观与婚姻观的需要，是获得甜蜜爱情的需要，也是建立美满家庭的需要。

个人品德是通过社会道德教育和个人自觉的道德修养所形成的稳定的心理状态和行为习惯。个人品德不是与社会公德、职业道德、家庭美德相并列的一种独立的道德形态，而是社会公德、职业道德、家庭美德等在每个社会成员身上的表现，是个体人格完善的重要标志。它是社会主义道德建设的落脚点，个人品德状况影响着社会主义市场经济制度的完善和社会主义民主政治的进程。社会成员的思想观念和道德素质普遍得到提高，是全面建成小康社会、实现中华民族伟大复兴的前提和保障。个人品德是个人不断地通过提升道德修养加以提升的，而提升道德修养的方法主要有学思并重、省察克治、慎独自律、知行合一和积善成德。

“学思并重”是孔子的教育观点，学是思的前提，思是学的深化，两者相辅相成，缺一不可，即所谓“学而不思则罔，思而不学则殆。”在道德修养方面，“学”意味着通过学习认知道德规范，掌握道德修养的知识、方法。“思”意味着通过“思考”加深对道德规范和道德修养的知识、方法的认同。“省察克治”即在自己内心深处用道德标准检查、反省自己，以发现自己思想与行为中的不良倾向，并及时对它们进行抑制和克服，使自己的德性不断完善。“慎独自律”即在没有外在监督的情况下，坚守自己的道德信念，自觉按道德要求行事，不因无人监督而恣意妄为。“慎独”就是个人要善于独处、乐于隐处、慎于微处，并于独处、隐处、微处中自觉坚守道德情操。“自律”是“慎独”达致的一种自觉自为的修养境界，“自”即自主、自觉，“律”为衡量、约束，“自律”即是一种自我认识、自我约束、自觉控制的个人修养方法。“知行合一”即把提高道德认识与躬行道德实践统一起来，内化为个人的道德品质，外化为实际的道德行为。“积善成德”即通过积累善行或美德，使道德修养巩固强化，以逐渐凝结成优良的品德。

第六章
学习法治思想　提升法治素养

本章的教学目标是让学生掌握社会主义法治的内涵、意义、要求以及中国特色社会主义法治建设的路径。但法治思想起源于西方，资本主义社会的法治思想依然是当今世界法治思想的主流，所以教学的重难点就在于让学生弄清社会主义法治和资本主义法治的本质区别，认同社会主义法治。因此，本章教学的关键是从社会主义和资本主义本质方面，讲清楚法律、依宪执政、中国特色社会主义法治体系、中国特色社会主义道路以及法治思维、法律权威、法律权利、法律义务等。

一、法　律

（一）法律的定义

法律是由国家创制和实施的行为规范。从这个定义可以解读出以下几层含义：一是法律是人们的行为规则，在这一点上，如同道德、纪律、宗教教义等一样，都是人的行为规范；二是法律是由国家制定和认可，由国家强制力保证实施的。而诸如道德、纪律、宗教教义、乡规民约、公司制度等，不是经过国家制定和认可的，所以都不是法律。当然，法律能够得到实施并不能完全依靠国家强制力，也需要人内心的自觉力量，即法律意识、道德观念、价值观念、纪律观念等。

（二）法律的本质

关于法的本质，西方资产阶级法学思想回避法律的阶级本质，回避法的实质，仅仅从法的形式层面上来定义法律，即所谓“法律是全民意志的产物”，“法是公意的宣告”。还有学者把法的本质归结为社会利益与正义性，有学者通过分析法的利益性来揭示法的本质，有学者从自由角度甚至仅仅从自由角度论述法的本质。洛克宣称：“法律的目的并不是废除或限制自由，而是保护和扩大自由。”①康德和黑格尔都把自由作为法的核心加以论述。

而马克思主义认为从本质上说法律是一定社会物质生活条件决定的，属于上层建筑，是统治阶级意志的体现，生产关系即经济基础的性质决定着法律的性质。马克思恩格斯论述资产阶级法律本质时指出：“你们的观念本身是资产阶级的生产关系和所有制关系的产物，正像你们的法不过是被奉为法律的你们这个阶级的意志一样，而这种意志的内容是由你们这个阶级的物质生活条件来决定的。”②社会物质生活条件是指人类社会赖以生存和发展的物质条件的总和，主要包括物质资料生产方式、地理环境和人口因素等，其中物质资料的生产方式是决定社会面貌、性质和发展的根本因素。而物质资料的生产方式包括生产力与生产关系两个方面，生产关系也被称为经济基础，决定着上层建筑，而法律则属于上层建筑，受一定的经

①E.博登海默.法理学：法律哲学与法律方法[M].邓正来，译.北京：中国政法大学出版社，1999：279.
②马克思恩格斯选集：第1卷[M].北京：人民出版社，2012：417.

济基础即经济关系所制约。马克思指出："人们往往忘记他们的法权起源于他们的经济生活条件，正如他们忘记了他们自己起源于动物界一样。"[①]根据生产关系即经济基础的性质，法律可以区分为奴隶社会的法律、封建社会法律、资本主义法律和社会主义法律，这些法律从根本上维护着各自社会统治阶级利益。例如，《汉穆拉比法典》就规定：窝藏他人奴隶并且被抓获者将被处以死刑。我国西藏农奴制时期实行的《十三法典》和《十六法典》都规定农奴主可以对农奴施加包括挖眼、削足、砍手、推崖、溺水直至处死等各种骇人听闻的酷刑，农奴主可以任意把奴隶的人皮剥下来作器具或饰物。我国唐朝法律规定了"八议"，即八种人犯了罪可以免刑或减刑，而这八种人都是封建贵族。而资本主义法律的基本原则是"私有财产神圣不可侵犯"，这当然是拥有巨大财富的资产阶级所希望的。

综上所述，关于法本质的科学论断应从如下几方面理解：其一，法体现的是统治阶级的意志，即法是统治阶级制定的，非统治阶级的意志是不会上升为国家意志的，这是法的阶级性在阶级对立社会的集中体现。其二，法律所反映的是统治阶级的整体意志，即统治阶级的阶级意志，而不是个别统治者的意志，也不是统治者个人意志的简单相加。也就是说，法是统治阶级各个成员利益的一种抽象，具有一般性。其三，法所体现的不是统治阶级意志的全部，而是上升为国家意志的统治阶级意志。其四，法律作为统治阶级意志的体现不是凭空产生的，而是由当时的社会物质生活条件所产生，其最终决定因素是物质基础。

（三）社会主义法律的本质

社会主义法律以公有制为经济基础，保障全体劳动者共同占有生产资料，通过解放生产力和发展生产力来推动社会物质财富和精神财富的日益丰富，从而实现人的全面发展和全体社会成员的共同富裕，为实现人们的

---

①马克思恩格斯文集：第3卷[M].北京：人民出版社，2009：322.

政治平等奠定坚实基础。因此，国家权力不再是少数富人的专利，而是全体人民共同所有。所以作为社会主义国家的中国，其国家权力属于全体人民，人民是国家主人，法律自然是人民意志的体现，是用来维护人民根本利益的，具有先进性。中国共产党是中国工人阶级的先锋队，代表工人阶级利益，同时是中国人民和中华民族的先锋队，代表着中国人民的利益，以全心全意为人民服务为宗旨，没有自己的私利，以实现最广大人民利益为奋斗的出发点和落脚点。我国法律坚持马克思主义世界观和方法论，并指导人们在法律实践中尊重和反映客观规律。由此可见，我国社会主义法律是以公有制为经济基础的法律，本质上体现了党的主张和人民意志的统一，是阶级性和人民性的统一，先进性和科学性的统一，维护着人民的根本利益，巩固了中国共产党的领导地位。实质上，我国社会主义法律是中国特色社会主义制度的重要组成部分，是党领导人民当家作主的制度保障。

（四）法律运行

法的运行包含法的制定和法的实施，法的实施又包括司法、执法、守法等几方面，所以法的运行环节就由法律制定、法律执行、法律适用和法律遵守组成。法的制定是一切法律运行的起点，是法律从无到有，并被赋予效力的活动，而法的实施则是发挥法律效用并达到应有的社会效果的过程。简言之，法律运行就是从“应然法”到“实然法”的转变过程。马克思主义认为法的制定是由物质生活条件决定的，是人民意志转化为国家强制性规范文件的过程，而法的实施则是将人民意志落到实处，将观念和外在形式转变为现实和践行法律活动的过程。

1.法律制定。法律的制定也称立法，是统治阶级依靠国家权力把自己的意志上升为国家意志的过程。在这个过程中，制定法律的主体是国家的立法机构，常常会通过一定程序和形式搜集、表达统治阶级的意志，最后形成符合统治阶级意志的规范性条款，即有立法权的国家机关，依照法定职权和程序，制定规范性法律文件的活动。我国是社会主义国家，在中国共产党的领导下由国家权力机关即人民代表大会负责立法，由人大代表搜集和反映人民意志，并在人大会议上充分讨论、酝酿后通过多数人决策，形成法律规范。国务院有权根据宪法和法律制定行政法规。中央军委有权根据宪法和法律制定军事法规。国务院各部门可以根据宪法、法律和行政法规，在本部门的权限范围内，制定部门规章。在制定法律过程中，由人民民主选举出来的人民代表广泛搜集民意，在人民代表大会上充分讨论、决策，体现了民主立法，而立法过程以马克思主义为指导，反映社会发展规律和自然规律，并且要遵循立法程序和规定，体现了科学立法和依法立法。

2. 法律执行。在广义上，法律执行是指国家机关及其公职人员，在国家和公共事务管理中依照法定职权和程序，贯彻和实施法律的活动。在狭义上，法律执行则是指国家行政机关及其公职人员执行法律的活动，也被称为行政执法。例如，工商局的工作人员到商场抽查所售商品的质量状况，城管人员要求违法占道经营的小商贩离开，交警依法查处交通违法行为，等等。

行政执法是法律实施和实现的重要环节，必须坚持合法性、合理性、信赖保护、效率等基本原则。合法性原则是执法的最重要原则，其内涵包括以下几方面：一是执法主体必须有合法资格，必须有一定的法律授权，能承担相应的法律后果。二是执法行为必须合法，在自己职权范围之内，有法律依据。三是执法程序必须遵循法定程序，要避免随意性。

合理性原则也称适当性原则，是指行政执法的自由裁量。所谓自由裁量是指法律规范不对执法行为进行详细的规定，而是在一定幅度和范围内给予执法者选择的余地。在这个范围内，执法者可根据违法者违法情节和政治、经济、文化等方面的状况，采取符合道德、人情以及公序良俗的手段，或针对同一违法行为、同样或类似情节的不同对象，给予不同等处罚。

例如，我国道路交通安全法第89条中的规定：“行人、乘车人、非机动车驾驶人违反道路交通安全法律、法规关于道路通行规定的，处警告或者五元以上五十元以下罚款。”这里的处罚标准，可由执行人员根据实际情况适当调整。

信赖保护原则是指人们对执法机关及其工作人员要有起码的信赖，而执法者也必须保障这样的信赖感。它是现代国家提高公信力的必然要求。

效率原则是指行政执法机关在依法行政的前提下，讲求效率，主动有效地行使其权能，以尽可能低的成本取得最大的行政执法效益。例如，A市某公司拖欠农民工工资。农民工多次找当地劳动和社会保障局、住建部门反映情况，但持续3年多依然没能解决问题。这就违反了行政执法的效率原则。后来A市抽调各相关部门成立综合执法队，一站式解决农民工工资拖欠问题，使该市的农民工工资拖欠问题及时得到解决。这就体现了行政执法的效率原则。

3.法律适用。法律适用是指国家司法机关及其公职人员依照法定职权和程序适用法律处理案件的专门活动。在我国，行使法律使用权的部门是司法机关，即审判机关和检察机关，包括人民法院和人民检察院。其他任何国家机关、社会组织和个人，不得行使国家司法权。司法的基本要求是正确、合法、合理、及时。司法原则主要有：司法公正，司法独立等。

司法正确包括两个方面：一是指案件审理时适用法律要按照《中华人民共和国立法法》的规定，遵循上位法优于下位法、新法优于旧法、特别法优于一般法的适法原则；二是指法律依据要具体到“条、款、项、目”，不存在应该用该条款（项目）没有用却用了其他条款（项目）。司法合法是指案件审理过程要合法，即符合程序规定。司法合理包括两个方面：一是形式的合理性，即司法过程中所有的手段和程序合理，具有可计算性；二是客观的合理性，即实质合理性，是指案件判决的内容具有合理性，不仅符合已有的法律，也符合道德、政治、个人意志等情感性要素。司法及时是指“效率”，即案件审理不能久拖不决，正所谓“迟到的正义就是非正义”。

司法公正是指司法权运作过程中各种因素达到的理想状态，是现代社会政治民主、进步的重要标志，也是现代国家经济发展和社会稳定的重要保证。司法公正包括程序公正和实体公正。程序公正包括程序的合法性、中立性、参与性、公开性、时限性等方面。合法性是指程序运行合乎法律的规定，任何机关、组织或个人不得违反或变相违反；中立性是指程序设计和运行应平等地对待各方当事人，不得偏向任何一方；参与性是指案件或纠纷的利害关系人都有机会进入办案程序，充分表达自己的利益诉求和意见，为解决纠纷发挥作用；公开性是指程序运行的过程和结果应当向当事人和社会公开，以接受各方监督，防止办案不公和暗箱操作，让正义以人们看得见的方式实现；时限性是指程序的运行必须有合理的期限，符合时间成本和效率原则的要求，不得无故拖延或没有终结。实体公正是指结果公正，是司法公正的根本目标。

司法独立本来是由西方权力分立学说衍生出来的一种制度安排，包括机构（法院）独立、权力独立、预算独立、法官独立等内容，司法权与行政权、立法权是并列制衡关系。但我国是社会主义国家，人民当家作主，立法机关即人民代表大会控制着行政和司法权，即我国的司法独立不是司法机关独立于人大。我国国家权力分为立法、行政和司法只是分工，而不是分立，所以我国的司法独立只是在业务上的独立，即检察院和法院以事实为根据、以法律为准绳独立办案，不受法律以外的任何权力、金钱、人情等因素干扰。

4. 法律遵守。法律遵守是指国家机关、社会组织和公民个人依照法律规定行使权力和权利以及履行职责和义务的活动。这句话内涵以下几方面的意思：一是法律遵守的主体既包括所有的公民，也包括所有的国家机关和社会组织，即既有自然人也有法人。二是遵守法律的行为既包括国家机关依法行使权力，也包括公民依法行使权利。三是指遵守法律既是权利也是义务。例如，大学毕业生依法获得理想的工作职位，就是其行使法律权利的体现。同时，他必须遵守获取职位的笔试、面试等各种规定，这是其义务。

二、依宪执政

（一）宪　法

如今世界大多数国家都有宪法。那么，什么是宪法？它的起源和特点是什么？有什么作用呢？宪法一般被定义为一个国家的根本大法。所谓“根本”是指一个国家的基本制度、法律体系等，都是从该国的宪法派生出来的。如果把一个国家的法律、制度比喻成一个大树的枝干、叶片，那么，宪法就是这棵大树的根。所谓“大法”是指其他法律相对于它来说都是“小法”，即宪法地位最高，是“母法”，其他法律是“子法”，地位低于宪法。因此，宪法有三大特征：内容上具有根本性，地位或效率上具有最高法律地位或法律效力，制定或修改程序上最复杂。

从起源上说，近代宪法源于1215年英国的《大宪章》。英国历史上有遵守习惯法的传统，习惯法对所有社会成员都具有约束力，包括国王也必须遵守和服从它。13世纪英国约翰王继位，肆意践踏习惯法所维持的封建社会关系，不择手段，横征暴敛，随意发动对外战争，激起了广泛的反抗，包括封建贵族在内的英国人发动了起义。1215年起义军占领伦敦，把事先拟好的《大宪章》摆在国王面前，在“枪杆子”的威逼下，国王不得不违心地在《大宪章》上签章并将之公布。而《大宪章》的宗旨就是确认法律的至上性，限制王权，从而使之具有近代宪法形态。此后，不断有一些国家仿效《大宪章》中的一系列原则，或者受《大宪章》理念启发，制定自己国家的宪法。这些原则包括国王也须受法律的约束；征税须经全国公民的同意；未经法律或陪审团的合法判决，任何人不受拘捕、囚禁和刑罚，等等。所以，英国《大宪章》有着“近代宪法之母”的美誉。

（二）宪　政

宪政也称“民主宪政”“立宪政治”“立宪政体”“宪法政治”，其涵义也是多样的。有的人认为所谓宪政就是以一部体现民主、人权和法治精神的宪法为治国根本大法的制度，有的人认为宪政是法律化的政治程序，即限制和钳制政治权力的公共规则和制度。宪政是一种理想，它希望通过法治约束个人并向个人授权，也希望通过法治约束政府并向政府授权。尽管人们对宪政内涵的理解不尽相同，但可以概括出一些共同点：宪政是民主政治，是体现人权保障和有限政府的制度，它表现为宪治，即依宪法治理国家。具体来说，宪政思想有以下主张：第一，宪法的权威高于政府的权威，政府只能根据宪法的条款进行统治并且受其限制，即宪法规范具有至上性。第二，宪法规范下的政府，在本质上是由自由的公民同意建立并同意受其统治的政府，仅仅是为了保障其生命权、自由权、财产权以及其他权利，政府在社会生活中充当的只是“守夜人”的角色。当政府施行暴政时，人们可以反抗政府以保护个人权利。第三，权利是人们生来具有的，其先于宪法、社会和政府而存在。法律只是在描述权利而非创造权利。第四，宪政是一套制度设计，政府受到限制并必须通过建立相互制衡的合理分权制度来行政。

由于宪政制度最先在西方确立，而西方制度又表现为君主立宪制、议会内阁制度、三权分立制、两党制或多党制等，所以很多人一提宪政，就认为应该建立西方那样的制度。清朝末年，康有为、梁启超等人所说的宪政就是建立英国式、日本式的君主立宪制度；孙中山所讲的宪政就是建立美国式的资产阶级分权制度。因此，如今一些人仍然把宪政等同于西方制度，但这样的“宪政”实质上就是要否认社会主义制度，否认中国共产党的领导。因此，为了避免发生歧义，我国现在常常用“依宪治国”，而不用“宪政”一词。

（三）《中华人民共和国宪法》

1.《中华人民共和国宪法》是党和人民意志的集中体现。我国“五四宪法”的制定过程可以说明这一点。1952年12月根据中共中央建议，全国政协向中央人民政府提议筹备召开全国人民代表大会和地方各级人民代表大会，以便为制定宪法做准备。1953年1月13日，中央人民政府委员会第20次会议通过了《关于召开全国人民代表大会和地方各级人民代表大会的决议》，1953年2月通过《中华人民共和国选举法》，之后在全国实现普选，选出了基层代表566.9万人、全国人大代表1226人。这就为召开全国人大、制订宪法准备了必要的条件。同时，中央人民政府委员会还决定成立以中共中央主席毛泽东为首的宪法起草委员会，全面筹备制宪工作。同年底，毛泽东率领宪法起草小组到杭州着手起草宪法。在毛泽东的亲自主持下，宪法起草小组广泛搜集广大人民意愿，数易其稿。宪法草案初稿最终被中共中央政治局扩大会议通过后提交宪法起草委员会。

从1953年1月至1954年8月，宪法起草委员会先后组织了8000多人和1.5亿多人对草案初稿进行讨论，广泛征求意见认真修改后，形成了提交第一次全国人大讨论的《中华人民共和国宪法（草案）》。1954年9月15日，在第一届全国人大一次会议上，中共中央副主席刘少奇代表宪法起草委员会做《关于中华人民共和国宪法草案的报告》。20日，会议以无记名投票方式，一致通过了《中华人民共和国宪法》。

近年来，我国法律在制定过程中，大多是提前向社会公布草案，广泛征求社会各方面的意见和建议，然后在此基础上，立法部门经过多次研究和讨论，最终通过公布。比如十一届全国人大常委会第十六次会议初次审议了《中华人民共和国刑法修正案（草案）》及草案说明，并在中国人大网公布，向社会公开征求意见。社会各界群众可以直接登录中国人大网提出意见，也可以将意见提至全国人大常委会法制工作委员会。

从“五四宪法”制定过程可见，党是宪法制定的发起者、组织者、领导者和推动者，而整个过程从普通公民到学者、专家都可以广泛参与，人大代表代表人民行使立法权，讨论、决定宪法的通过，整个过程充分体现出党的主张和人民意志的统一。

2.《中华人民共和国宪法》是国家的根本法，是治国安邦的总章程。我国现行宪法规定了人民民主专政国家政权的性质和根本制度，也是法律法规的总依据，明确了国家未来建设发展的根本任务和总的目标，是党的指导思想、中心工作、基本原则、重大方针、重要政策在国家法制上的最高体现。其中国体是工人阶级领导的、以工农联盟为基础的人民民主专政的社会主义国家。根本制度包括人民代表大会制度，中国共产党领导的多党合作和政治协商制度，民族区域自治制度以及基层群众自治制度，公有制为主体、多种所有制经济共同发展的基本经济制度和按劳分配为主体、多种分配方式并存的分配制度。上述规定构成了我国政治、经济、文化、社会生活的主要框架。同时，我国还以宪法为统帅，以法律为主干，以行政法规、地方性法规为重要组成部分，由多个法律部门组成了有机统一的法律体系。其中，实体法律部门包括宪法相关法、民法商法、行政法、经济法、社会法、刑法等。

显然，我国宪法有以下特征：从内容上说规定的是国家最根本最重要的制度，具有最高的法律地位、法律权威、法律效力，具有根本性、全局性、稳定性、长期性，在制定或修改程序上也最复杂，需要全国人民代表大会三分之二票数同意，而普通法制定或修改只需要半数以上的代表同意。

3.我国宪法基本原则。宪法的基本原则包括党的领导原则、人民主权原则、尊重和保障人权原则、社会主义法治原则和民主集中制原则。这些原则贯穿于宪法规范始终，对宪法的制定、修改、实施、遵守等环节起指导作用，集中反映了规范权力运行、保障公民权利的基本精神，体现了社会主义法治的根本性质。

党的领导原则。党的领导是人民当家作主的根本保证，是中国特色社会主义最本质的特征，是中国特色社会主义制度最大优势。我国宪法对中国共产党领导地位和执政地位的规定，既是对中国共产党领导人民在革命、建设、改革各个历史时期奋斗成果的确认，也是对国家性质和根本制度的确认，集中体现了党的主张和人民意志的高度统一。那么，为什么要坚持中国共产党的领导？中国为什么不能实行两党制或多党制？如何坚持中国共产党的领导？上述问题是大学生必须弄清的问题。

首先，中国共产党的领导地位是历史和人民的选择。近代以来，随着中国沦入半殖民地半封建社会的境地，一代代先进的中国人为了救国救民，不惜抛头颅洒热血。然而，无论是保持皇权专制条件下的洋务运动、君主立宪，还是资产阶级的民主共和，都无法改变列强欺凌、国家四分五裂、人民困苦不堪的命运。而中国共产党成立之后，由50多人组成的小党，逐步得到越来越多的中国人认可。他们跟着共产党奋斗了28年，于1949年实现了国家完全独立和民族彻底解放，为中华民族的复兴开辟了光明之道路。

其次，中国共产党辉煌的执政功绩证明了其强大的执政能力。执政后，中国共产党领导中国人民走上了社会主义道路，经过70多年的奋斗，积贫积弱的中国呈现出繁荣昌盛的局面。历史证明，在中国除了共产党，别的政党救不了中国，更不可能发展中国。因为只有共产党没有自己的私利，其主张能得到广大人民的认可，能得到人民的拥护和支持，能把一盘散沙的中国凝聚成强大力量。

事实上，中国不是没有实施过西方的政党制度，民国初年我国甚至出现过几百个政党，但带来的只是四分五裂、列强欺凌和贫穷落后的局面。所以，历史证明我国的国情不适合实行以多党制和两党制为特点的西方政党制度。

坚持党的领导首先要坚持党在中国特色社会主义事业的领导核心地位，正如十九大报告指出的那样："党政军民学，东西南北中，党是领导一切的。"其次要依法执政、依宪执政。再次要领导、支持、保证人民当家作主，最广泛地动员和组织人民群众依法管理国家和社会事务，管理经济和文化事业，维护和实现最广大人民的根本利益。

人民主权原则。主权是指国家的最高权力。而我国的主权属于人民，即人民当家作主。它是社会主义民主政治的本质和核心，其表现形式就是中国人民通过人民代表大会和其他基本制度，掌握国家的立法权、行政权、司法权和监督权等一切国家权力，实质上是人民群众在党的领导下，依照法律规定，通过各种途径和形式，管理国家事务，管理经济和文化事业，管理社会事务的权利，把人民当家作主贯彻于国家和社会生活各个领域。这里要特别指出的是：西方的"三权分立"不适合我国宪法原则。因为"三权分立"制度下，司法权完全不归人民所有，代表人民的议会只能掌握立法权，甚至美国议会中还有不需要人民选举产生的参议院，分享立法权。换言之，美国人连立法权都没有完全掌握，所以人民群众只能掌握部分国家权力，与人民主权原则相违背。

尊重和保障人权原则。人权即是指"人"因其为人而应该享有的权利。人类历史发展趋势是人权越来越丰富。目前，尽管各国人权保护的内容不尽相同，各国都普遍认为生命权、财产权、自由权、获助权和尊严权是最基本的人权，应该受到保护。而保护人权的方法就是法治，以宪法限制政府权力滥用，规定并保护公民权利，即公民的人权。因为政府权力非常强大，如果不受限制，就会滥用，而且很难讨回公道。我国宪法将"国家尊重和保障人权"规定为一项基本原则，对公民的基本权利和自由做出全面规定，依法保障公民的生存权和发展权。我国宪法规定公民享有人身权、财产权、社会保障权、受教育权等权利和宗教信仰、言论出版、集会结社、游行示威等自由。

社会主义法治原则。所谓法治即法的统治，它要求法律至上、良法之治、司法公正。法律至上是指法律处于国家权力最高峰，任何个人和组织都居于法律之下，要服从法律，遵守法律，否则就会受到法律的制裁。良法之治是指通行的法律必须是“好的”“正义”的法律，即符合人权要求、符合宪法原则的法律。司法公正是指司法机关在审理案件时，以法律为准绳，以事实为依据，违反同一条法律的人受到同等处罚，即法律面前人人平等。我国宪法明确规定实行依法治国，建设社会主义法治国家，要求坚持宪法法律至上、法律面前人人平等原则，推进国家各项工作法治化，维护社会公平正义，维护社会主义法制的统一、尊严、权威。任何组织和个人都要在宪法和法律范围内活动，一切违法行为都应受到法律的追究，特别是执政党、政府部门和国家机关，要坚持依法治国、依法执政、依法行政共同推进。

民主集中制原则。民主集中制是指民主基础上的集中和集中指导下的民主相结合的制度，是党的根本组织制度和领导制度，也是马克思主义认识论和群众路线在党的生活和组织建设中的运用。这种制度能够集中民智，实现科学决策、民主决策。我国宪法规定，中华人民共和国的国家机构实行民主集中制原则。被称为我国“政体”的人民代表大会制度，就是以民主集中制原则为组织原则。这一原则主要表现为全国人民代表大会和地方各级人民代表大会都由民主选举产生，对人民负责，受人民监督。国家行政、审判、检察机关都由人民代表大会选举产生，对它负责，受它监督。中央和地方国家机构职权的划分，遵循在中央统一领导和国家法制统一的前提下，充分发挥地方积极性和主动性的原则。

4. 依宪执政。依宪执政是中国共产党在领导社会主义革命和建设过程中，吸收借鉴国内外执政经验教训，逐步提出的一个重要执政理念，意指党依据宪法法律治国理政，也要求党依据党内法规管党治党。

依宪执政的内涵：一是党要高度尊重宪法法律，做“奉法者”，这是法治对执政党的特殊要求。二是党接受人民政治委托、按约执政，做“守约者”。三是党接受宪法法律的约束和规制，做“受治者”，法治是规则之治。经济、社会和政治遵循规则而动，破坏规则者，就要受到规则的惩罚，即便是执政党，也不能例外。总之，依宪执政不仅意味着要“崇法”，高度尊重宪法，更意味着要依法而行、据法追责。

依宪执政的要求：首先要“崇法”，树立宪法法律权威；其次要“控权”，把权力关进制度的“笼子”；再次要“护民”，尊重和保障公民权利，与民共治。

依宪执政的举措：首先要加快制定相关法律法规，使依宪执政有据可循。其次要科学界定执政权，实现不同权力配置的最优化。再次要实现党的法规的法治化。最后要建立健全党委依法决策的体制机制。

三、中国特色社会主义法治体系

（一）建设中国特色社会主义法治体系的重大意义

“法治体系是描述一国法治运行与操作规范化有序化程度，表征法治运行与操作各个环节彼此衔接、结构严整、运转协调状态的概念，也是一个规范法治运行与操作，使之充分体现和有效实现法治核心价值的概念。”[①]之所以要建设中国特色社会主义法治体系，是因为这一举措有重大意义：

第一，明确了我国法治建设的性质和方向。社会主义法治体系包括“五大体系”，明确具有社会主义性质，指出了我国法治建设的方向，即推

①张文显.建设中国特色社会主义法治体系[J].法学研究，2014(6)：13.

进国家治理体系和治理能力现代化，建设社会主义法治社会。

第二，确立了全面依法治国的总抓手、总纲领。全面依法治国涉及立法、执法、司法、守法、普法、法学教育、法治队伍建设等各个方面，并与全面深化改革、全面建成小康社会和全面从严治党互相联结，因此必须加强顶层设计、统筹谋划，制定一个总揽全局、牵引各方的总抓手、总纲领。而建设中国特色社会主义法治体系，就是这样的总抓手、总纲领。

第三，促进了中国法治建设的战略升级。法治建设首先就要有法可依，更要求良法之治，即要提高立法质量。建设中国特色社会主义法律体系，要求科学立法、严格执法、公正执法和全民守法，不仅要解决无法可依的问题，更要提高法律体系的质量，解决良法之治问题。所以建设中国特色社会主义法治体系的提出，意味着我国法治建设的战略转型和全面升级。

第四，拓展了国家治理体系和治理能力现代化的实践路径。事实证明，社会主义各项事业的发展离不开法治体系的完善和发展：市场经济是法治经济，民主政治是法治政治，法治是治国基本方略，法治是执政基本方式，法治思维是治国理政的现代思维。上述论断说明，国家治理现代化的过程也是国家治理法治化的过程，而国家治理法治化的前提就是有完善的法治体系。

（二）建设中国特色社会主义法治体系的主要内容

建设中国特色社会主义法治体系，就是在中国共产党领导下，坚持中国特色社会主义制度，贯彻中国特色社会主义法治理论，形成完备的法律规范体系、高效的法治实施体系、严密的法治监督体系、有力的法治保障体系，构建完善的党内法规体系，即“五大体系”。

1. 完备的法律规范体系。完备的法律规范体系是以宪法为核心，由部门齐全、结构严谨、内部协调、体例科学、调整有效的法律及其配套法规所构成的法律规范系统。其中有包括宪法相关法、民法商法、行政法、经济法、社会法、刑法等在内的实体法律部门，还有包括民事诉讼法、行政诉讼法和刑事诉讼法等在内的程序法律部门。完备的法律规范体系，是法治国家、法治政府、法治社会的制度基础。为此，要遵循科学立法、民主立法、依法立法，坚持立法先行，上下有序、内外协调、科学规范、运行有效的原则，加快完善法律、行政法规、地方性法规体系。

2. 高效的法治实施体系。高效的法治实施体系是指执法、司法、守法等各个环节有效衔接、协调高效运转、持续共同发力，实现效果最大化的法治实施系统。它是建设中国特色社会主义法治体系的重点。其重点内容包括：健全宪法实施制度，把树立宪法权威作为全面推进依法治国的重大事项抓紧抓好；加快建设职能科学、权责法定、执法严明、公开公正、廉洁高效、守法诚信的法治政府，坚持严格规范公正文明执法；深化司法体制综合配套改革，规范司法行为，提高司法公信力；着力培育公民和社会组织自觉守法的意识和责任感，营造全社会共同守法的良好氛围。

3. 严密的法治监督体系。严密的法治监督体系是指以规范和约束公权力为重点，建立有效的法治化权力监督网络。它以有权必有责、用权受监督、违法必追究为原则，以纠正有法不依、执法不严、违法不究行为等为主要任务。其重点内容包括：健全宪法实施和监督制度；强化对行政权力的制约和监督；加强对司法活动的监督；发挥党内监督、人大监督、民主监督、行政监督、司法监督、审计监督、社会监督、舆论监督的合力，形成对法治运行全过程全方位的监督；深化国家监察体制改革，构建集中统一、权威高效的国家监察体系，实现对所有行使公权力的公职人员监察全覆盖。

4. 有力的法治保障体系。有力的法治保障体系是指在法律制定、实施和监督过程中形成的结构完整、机制健全、资源充分、富有成效的保障系统，包括政治和组织保障、人才和物质条件保障、法治意识和法治精神保障等。其重点内容包括：切实加强和改进党对全面依法治国的领导，提供政治和组织保障；加强高素质法治专门队伍和法律服务队伍建设，提供人才和物质保障；努力推动形成办事依法、遇事找法、解决问题用法、化解矛盾靠法的良好的守法社会氛围，提供丰厚法治文化保障。

5. 完善的党内法规体系。完善的党内法规体系是指科学、程序严密、配套完备、运行有效的党内制度及其运行、保障体系。完善党内法规体系的总目标是到建党 100 周年时形成比较完善的党内法规制度体系、高效的党内法规制度实施体系、有力的党内法规制度建设保障体系，党依据党内法规管党治党的能力和水平显著提高。其重点内容包括：党的组织法规制度、党的领导法规制度、党的自身建设法规制度、党的监督保障法规制度。

四、中国特色社会主义法治道路

中国特色社会主义法治道路，明确了建设社会主义法治国家的性质和方向，是社会主义法治建设成就和经验的集中体现，是中国特色社会主义道路在法治领域的具体体现，是建设社会主义法治国家的正确道路。走中国特色社会主义法治道路，必须坚持中国共产党的领导，坚持人民主体地位，坚持法律面前人人平等，坚持依法治国和以德治国相结合，坚持从中国实际出发。

（一）坚持中国共产党的领导

法治要求法律至上，即任何组织和个人都应该在法的统治之下。因此有人认为社会主义法治之下，作为执政党的中国共产党不应该领导社会主义法治，因为那样做会让党的地位超越法律，违背法治原则。然而，这种观点实质上是把党的领导与社会主义法治对立起来了。实质上，中国共产党是中国特色社会主义法治的提出者、推进者，法治也是党治国理政的方略。例如，立法就是贯彻党的路线和方针政策，法就是被实践证明正确的党的方针政策的具体化、法律化。所以，党的领导与社会主义法治具有一致性，并且也是中国特色社会主义最本质的特征，是社会主义法治最根本的保证。

当然，坚持党对社会主义法治的领导，不是意味着党可以超越法律或不受法律约束，而是指党在法治建设的各个环节，发挥组织者、推动者的作用，具体体现在党领导立法、保证执法、支持司法、带头守法上。

1. 党领导立法。为什么党要领导立法呢？主要有两方面原因：一方面是为立法的顺利进行提供政治保障。发挥立法的引领作用必须与党的指导思想和方针政策保持一致，在定大局、把方向的关键环节需要党的领导来指明方向，保证立法符合人民的利益和党的主张。另一方面是协调各方面利益。立法过程必然涉及利益的分配，不同阶层、不同利益群体的冲突和矛盾需要协调，政府部门的资源分配也需要协调，这时仅靠人大自身的力量时有掣肘，往往需要同级党委来统揽全局和协调推进。

改革开放以后，中国共产党认识到依法治国的重要性，而立法是其中的首要环节，即首先要“有法可依”。但起初党领导立法的方式是“原则批准”和“审批”，即主管法律制定或修改的部门，要事先就制定或修改法律拟解决的主要问题和意见，报请党中央原则批准，新制定或修改的法律要事先报请党中央审批。而“原则批准”和“审批”的实质在于宏观性、方向性的政治审查，审查的标准是党的路线、方针和政策。这一过程体现了党领导立法的性质主要是政治领导，并不涉及法律草案的具体内容。所以这种“原则批准”和“审批”介入立法过程的阶段主要集中在提出立法议案这一立法准备阶段，在进入“审议”“表决”和“公布”阶段，党的意见往往很少主动介入。而新形势下，党在领导立法的实践中必须坚持“主动引领”，把党的领导贯彻到依法治国全过程和各方面，包括提出宪法修改建议、批准立法规划、决定重大立法事项、听取重大立法问题报告等。由此可见，党领导立法不是让党代替人大立法，也不是包办所有立法事项，其实质是对人大依法行使立法主导权的支持和保障，目的是提高立法质量，完善以宪法为核心的中国特色社会主义法律体系，推进社会主义法治的实现。所以坚持党的领导，是社会主义法治的根本要求，是全面依法治国的题中应有之义。

2. 党保证执法。党保证执法主要是通过政治、思想、组织保证展开的。政治上，党通过政治建设，保证执法者政治立场坚定，把握原则和方向，保证执法人员执法时不违背党的路线方针政策，始终坚持“党的事业至上、人民利益至上、宪法法律至上”；始终“忠于党、忠于国家、忠于人民、忠于法律”。始终保持政治清醒，在大是大非问题上不含糊，经得起考验，旗帜鲜明，在日常执法活动中依法办事，时刻践行为人民群众服务的准则。在思想上，党通过思想建设，坚定执法者的理想信念，牢固树立马克思主义的价值观和正确的权力观、地位观、政绩观，为经受住各种风险和困难考验筑牢思想堤坝，自觉抵制各种腐朽思想的侵蚀，保持思想政治定力。强化政府及其工作人员的为民执法理念，要求执法人员以执法为民为根本的出发点和落脚点，关注人民群众诉求，保护民生权利。强化执法人员忠于宪法和法律的意识，文明执法，执法行为符合法律规定，以规范执法弘扬中国特色社会主义法治理念。在组织上，依托各级党组织对执法人员进行监督，保证权责统一，行政自由裁量权也要有法律依据，保证阳光执法，避免权力寻租和暗箱操作。

3. 党支持司法。西方法治理论认为政党与司法之间不应该有隶属关系，政党不得向法官和司法机关直接发指令，甚至政党还是司法审查的对象，所以司法应在党派之间保持“中立”。然而，上述观点是违背事实的，因为司法机关是由议会成立的，其职能是议会立法确定的，而议会则是由党派控制的，而且法官的选任也大多来源于执政党。另外，政党还通过立法部门和行政部门影响司法。中国共产党是中国特色社会主义的领导核心，司法当然离不开党的领导。从宏观上说，司法本质上是国家权力的行使，是一种政治决断，承载着重要的政治功能，体现着“服务大局”和“党的领导”等政治功能。从微观上说，司法案件审理过程中总是会遇到来自公众、社会团体、某种政治势力的影响，法官在裁判时总是要考量一些政治因素，所以不能用西方的所谓“司法独立”和“司法至上”的观念否认党对司法的领导。

但党领导司法并不意味着各级党组织、党的领导干部可以直接审批案件、干涉办案的具体过程。党领导司法表现为对司法的支持，在政治上，保证党的路线方针政策在国家司法活动中得到贯彻落实，保证司法机关独立公正地行使司法权。在组织上，党设立担当领导司法职能的组织，如政法委等，承载起独立负责、协调一致地开展工作的职能。同时，司法机关党组织还通过组织司法部门的党员干部学习党的理论路线方针政策，讨论决定本单位重大问题和人事任免，开展反腐倡廉等，影响司法工作。另外，党组织还通过向司法机关选派干部，贯彻党的意志，支持司法工作。

4.党带头守法。习近平指出：“我们讲依宪治国、依宪执政，不是要否定和放弃党的领导，而是强调党领导人民制定宪法和法律，党领导人民执行宪法和法律，党自身必须在宪法和法律范围内活动。”党带头守法首先要求党员不断学习党规党法和法律法规，不断增强自我的法律意识。其次党员从日常生活到工作之中，都要讲规则，包括党规党法，做到遇事找法、解决问题用法、化解矛盾靠法。最后，也是最重要的是在守法方面要“带头”，即做守法的榜样和模范。

（二）坚持人民主体地位

我国是社会主义国家，实行社会主义民主，即人民民主，让人民当家作主，由人民掌握国家一切权力。这就意味着国家的政治、经济、文化生活，都要以人民为主体。所谓法治主体，是指法治是谁的和为了谁的法治。所以社会主义法治建设中坚持人民主体地位有两层含义：一是社会主义法治建设是人民的法治，二是社会主义法治建设为了保障人民当家作主。人民是国家的主人，是社会主义法治的最高主体，可以相应地分解为最高的责任主体和权利主体。从最高责任主体角度看，社会主义法治建设依靠人民，需要人民积极参与，包括参与法律的制定、参与对法律执行和司法的监督以及自觉尚法信法守法等。从最高权利主体角度看，社会主义法律法规首先要尊重和反映人民意志。其次要把人民“应有的权利”法律化、制度化、规范化，使人民的利益诉求得到法律确认。再次法律法规必须实现人民意志，保证人民享有广泛权利，以实现人民福祉为出发点和落脚点。总之，社会主义法治不是要削弱人民民主，更不是让国家权力从人民手中分出一部分，而是要通过法治来保障人民民主，增强人民主体地位。

（三）坚持法律面前人人平等

中国特色社会主义以公有制为经济基础，以共同富裕为目标，为社会成员的平等奠定了坚实基础。所以平等是社会主义法律的基本属性，是社会主义法治的基本要求，是中国特色社会主义制度优越性的体现。它使人民在依法治国中的主体地位得到尊重和保障，从而有利于增强人民群众的主人翁意识和责任感。

对于“法律面前人人平等”这句话，多数人认为是法律适用上的平等，要求法律适用机关即司法机关严格遵守法律，把法律作为同一尺度毫无例外地适用于全体公民。但随着人们对该问题认识的深化，真正的“法律面前人人平等”还需要立法平等和法律实施的平等。

法律适用平等意味着非歧视，即无差别地对待，所有公民不分民族、种族、性别、职业、家庭出身、宗教信仰、教育程度、财产状况、居住期限等，都应当平等享受公民权利、平等履行公民义务，意味着要鲜明地反对法外特权、法外开恩，贯彻执行“以事实为依据、以法律为准绳”的司法原则。

立法上的平等主要是指国家机关在制定法律时，受宪法平等权约束，平等地设定公民（法人）的法律权利与法律义务，即法律实质上应该平等。有人根据马克思主义关于法律的阶级性的观点，认为法律只能体现统治阶级的意志，而不能体现被统治阶级的意志，人民与敌对势力和敌对分子在立法上是不能“讲平等”的。这种观点实质上是把阶级性等同于立法的偏私性，即政治规范的阶级性必然导致立法的不平等。马克思曾指出“如果认为在立法者偏私的情况下可以有公正的法官，那简直是愚蠢而不切实际的幻想。既然法律是自私自利的，那么大公无私的判决还能有什么意义呢？法官只能够丝毫不苟地表达法律的自私自利，只能无条件地执行它。在这种情况下，公正是判决的形式，但不是它的内容。内容早被法律所规定。如果审判程序只归结为毫无内容的形式，那末这种空洞的形式就没有任何独立的价值了。”[①]因而立法平等是制定良法的需要。实际上，我国是人民民主专政的社会主义国家，不存在天然的“阶级敌人”，少数“敌人”被专政不是靠立法上限制“敌人”的权利、加重“敌人”的义务来实现的，而是法律适用的结果，即通过司法确定犯罪之后，才转化为“敌人”的。

法律实施平等意味着对掌握公权力的人形成制约，违法必究，即一切违反宪法法律的执法行为都必须予以追究，“把权力关进制度的笼子”，要求不管职务多高、资历多深、贡献多大，都要严格按法律办事，坚决反对特权思想和特权现象，遵守法律制度没有特权、执行法律制度没有例外，让权力不再任性。

（四）坚持依法治国和以德治国相结合

德治即以德治国的简称，是儒家倡导的治国理念，其含义是统治者必

①马克思恩格斯全集：第1卷[M].北京：人民出版社，1956：178.

须加强道德修养，以身作则，充分发挥道德感化作用。同时，要重视对民众的道德教化，“为政以德”，治国理政中以道德为主，以法律为辅。德治实质上是人治，因为在德治中统治者或执政者的个人道德素质决定着国家治理的效果，治国理政以修身为基础，儒家所设想的理想社会是建立在统治者或执政者高尚的道德水准之上的。因此，德治特别强调“贤人政治”“好人政府”，把国家治理得“好”与“坏”寄托于贤明清正的君主、官吏身上，寄托于他们的主观判断上。正因如此，有人认为“德治”不可取，应该以“法治”代替“德治”，甚至把两者对立起来。

然而，道德作为人类特有的行为规范，无时无刻不对人的思想和行为发生作用。法治过程中，无论是立法、执法还是司法，都是人的行为，都不可能不受道德左右。例如法治所要求的“良法之治”中的“良法”，实质上就内含着道德因素，即符合人们的道德良知的法律。所以法治过程中排除道德的作用是不切实际的幻想。而且，“德治”是中国几千年的治国传统，在中国有着悠久的历史和深厚的文化根基，完全抛弃“德治”而只讲“法治”，实际上割断了我国治国理政的历史和文化，与中国国情相脱离。而且，把“法治”和“德治”对立起来、批判“德治”的观点，在某种程度上含有“西方中心主义”色彩，成为西方反华势力攻击中国文化、理论、制度和道路的借口。

事实上，法治和德治，是治国理政不可或缺的两种方式，如车之两轮或鸟之两翼，忽视其中任何一个，都将难以实现国家的长治久安。一方面，道德对法治有强大支撑作用。法律是立法者对正义与非正义、善与恶的价值判断，如果失去道德，法治就会蜕变为立法者的任意专横。道德也是法治的基础，在社会主义国家，广大人民是国家的主人，很多人的违法或犯罪源于思想堕落、道德败坏，所以加强道德建设、提升民众的道德水平，就会为法治创造一个良好的环境。同时，德治是法治的补充。一般来说，法律相对于现实生活来说具有滞后性，而且法律也不可能将社会生活全部概括无遗，而在这些法律暂时空缺的地方，就需要道德加以弥补，用强大的社会舆论对那些危害社会的行为进行纠正。

另一方面，法治是德治的有力保障。只有把道德要求贯彻到法治建设中，以法治承载道德理念，道德才有可靠制度支撑。法律法规要树立鲜明道德导向，弘扬美德义行，立法、执法、司法都要体现社会主义道德要求，使社会主义法治成为良法善治。要把实践中广泛认同、较为成熟、操作性强的道德要求及时上升为法律规范，引导全社会崇德向善。要坚持严格执法，弘扬真善美，打击假恶丑。要坚持公正司法，发挥司法断案、惩恶扬善的功能。同时，还要运用法治手段解决道德领域突出问题。法律是底线的道德，也是道德的保障。要加强相关立法工作，依法加强对群众反映强烈的失德行为的整治。

当然，两者的作用和地位是不同的。道德具有“广”“深”“软”的特点，“广”是指相对于法律来说道德作用范围更广，在法律管不到的地方道德依然起作用；“深”是指道德的作用发自人民的内心深处，很大程度上体现为人们的自觉行为，而人们对法律的服从主要是对违法后果的畏惧；“软”是指道德发挥作用主要依靠社会舆论、内心信念和传统习惯，相对于以国家强制力为后盾的法律来说，力量的强制性非常低。在国家治理体系中，法治是基本方式，是依法治国的基本方略，以国家强制力为后盾，主要依靠法律的预测作用、惩罚作用、威慑作用和预防作用对公民和社会组织的行为进行约束，并追究违反法律行为的法律责任。而德治是治国理政的重要方式，通过在全社会培育、弘扬社会主义核心价值观和社会主义道德，对不同人群提出有针对性的道德要求。所以法治具有基础地位，德治则处于辅佐法治的地位。

（五）坚持从中国实际出发

从中国实际出发就是从中国国情出发。在中国，关于“国情”的论争从近代就开始了，第一次鸦片战争之后，围绕引进外国的设备与技术乃至制度问题，引发了所谓“国情”的论争。洋务派要引进外国的先进设备、技术，但守旧派认为那些技术发明是“奇技淫巧”，引进外国器物会“以夷变夏”，宣扬这类事物不合“国情”。戊戌变法与清末立宪时期，“国情”论争更加激烈，以慈禧太后为代表的守旧派把西方的自由、民主、平等之说，宪法、议院、选举之制，甚至废科举、兴学堂，等等，统统当作“不合国情”的东西加以拒绝。民国初年，围绕袁世凯复辟帝制而展开的“国情”论争再次出现高潮，袁世凯及其御用文人以所谓中国落后、民智未开的“国情”为借口，主张中国只能实行“帝制”（君主制），民主共和政体不适合中国国情。到了20世纪30年代，蒋介石坚持训政、拒绝民主，鼓吹一个政党、一个主义、一个领袖的法西斯论调，其借口也是“国情”。他授意王新命等教授，以“中国本位文化”为旗帜，强调中国国情特殊，西方的民主宪政和从西方传入中国的马克思主义都不适合中国。

回顾我国“国情”论争的历史可以看出，强调中国国情的都是统治者，尽管他们信仰不同、主义不同，所打旗号也不同，但不约而同地以中国国情特殊而拒绝学习、引进西方的民主、自由、法治思想和制度。那么，难道强调国情错了吗？或者说中国真的应该全盘西化吗？

其实，国情是一个国家和民族的文化历史传统、自然地理环境、社会经济发展状况以及国际关系等各个方面的总和，是一个国家和民族生存发展所面对的既有的条件和状态。所以任何国家或民族都要根据既有的国情选择自己的发展模式，这是顺利推进其发展的正确选择。那种不顾国情而盲目移植他国发展道路、理论、制度和文化的做法，往往会带来灾难。那么，难道慈禧、袁世凯、蒋介石等叫嚷的国情特殊论有道理？当然也不是！因为他们所主张的“国情”，不是真正的国情，而是以国情为幌子谋取私利。例如，慈禧等守旧派所说的国情，首先是维护皇帝的绝对权威，其次是整个统治集团的权力和利益；袁世凯的国情无非是为了复辟帝制，让中国成为他袁家的天下；蒋介石所说的国情，就是为了保持自己的独裁统治，将中国变成蒋家王朝。因此这些人以“国情特殊”而反对变革或引进西方理论、制度、文化等，无非是竭力维护自己的既得利益。

综上所述，国情是任何国家或民族选择自己的发展模式时都应该考虑的首要因素，任何改革或引进都必须符合国情。毛泽东在革命年代就指出：“认清中国社会的性质，就是说，认清中国的国情，乃是认清一切革命问题的基本的根据。”①但要防止统治者把国情作为维护私利而拒绝变革的借口。

十九大报告指出：“我国仍处于并将长期处于社会主义初级阶段的基本国情没有变，我国是世界最大发展中国家的国际地位没有变。”所以，从中国实际出发就是立足社会主义初级阶段这个最大实际。它意味着：一方面我国已经是社会主义国家，必须坚持而不能背离社会主义；另一方面我国的发展阶段还是初级的，即不发达的阶段，不能超越这个阶段。因此法治建设中，一方面要坚持社会主义方向。为此，必须坚持以马克思主义法学理论为指导，坚持以我为主、为我所用，合理吸收国外法治理论、法学概念、法律话语、法律方法，不能搞“全盘西化”，不能搞“全面移植”。另一方面要坚持从中国实际出发。为此，必须突出法治道路的中国特色、实践特色、时代特色，汲取中华传统法律文化精华，总结和运用党领导人民探索社会主义法治道路的成功经验，围绕社会主义法治建设重大理论和实践问题，推进法治理论创新，构建符合中国实际、具有中国特色、体现社会发展规律的社会主义法治理论和话语体系，为依法治国提供理论指导和学理支撑。

①毛泽东选集：第2卷[M].北京：人民出版社，1991：633.

五、法治思维

（一）思维方式与法治思维

所谓思维是指人脑借助语言对事物进行概括和间接反应的过程。就其性质而言，思维是人脑的机能，是意识的高级形式，是人所特有的能力。显然，一般的动物不具备思维能力，思维不是对事物表面现象、具体个性的直接反映，而是以感觉、知觉、表象为材料对事物进行分析、归纳、演绎、概括的脑力活动。思维方式是指在社会发展的一定阶段，实践主体按照自身的需要、目的和可能，创造和使用思维工具，去反映、理解、把握客体的思维活动样式，包括思维的“立度”（出发点和立足点）、“角度”和“序度”（顺序或思路）。

一般地，思维方式具有以下几个特征：一是对实践具有依赖性。实践是人们改造客观世界的一切物质性活动，是主观见之于客观的活动，是把主观和客观连接起来的桥梁和纽带。思维一方面是人的精神（主观）活动，另一方面思维对象是客观的，思维目的是为了改造客观世界，所以思维本身既有主观因素又有客观因素，需要把主观与客观联系起来加以对照，而实践才具有直接现实性，才能满足思维的要求。所以思维方式依赖于实践方式，是人的实践方式的内化和理性积淀。二是具有能动性。思维方式是头脑掌握世界的专有方式，它不仅是观念地再现出来的主体改造客体的过程，而且是主体在观念中改造客体的过程。三是具有社会普遍性。一个共同体中，人们拥有大致相同的实践条件和实践方式，必然会形成大致相同的思维方式，所以思维方式不仅仅被理解为单个主体的思维活动方式，而且是社会主体普遍具有的形式。四是具有历史性。某种思维方式只有在与之相适应的社会历史条件下才是合理的和相对稳定的，相应的社会历史条件变化了，思维方式也会发生变化。例如，皇权专制社会中，人们普遍具有权力思维方式，而在法治社会，人们的思维方式就会逐渐改变为法治思维。

根据思维的“立度”“角度”和“序度”，可以把思维方式分为多种类型，如权力思维、金钱思维、道德思维、宗教思维、法治思维等。权力思维是指从权力角度思考问题，把获取权力作为出发点和立足点，崇拜权力、畏惧权力、服从权力，遇事总是喜欢找权力，认为权力能解决一切问题，这种思维方式普遍存在于专制的人治社会。以此类推，金钱思维从金钱角度思考问题，把获取金钱作为出发点和立足点，为了金钱可以不择手段，认为金钱能摆平一切。道德思维是一种从“实然”到“应然”的跨度思维，以讲“应该”“不应该”为价值特征，是一个以规范的形式来把握道德现象、创造新的道德生活和道德知识的心理过程。具有道德思维的人总是从道德的角度评价一切，认为最重要的是提高人们的道德修养，试图以道德解决各种问题。宗教思维是最原始、最陈旧、统治人们头脑最长久的一种思维方式。它一般表现为自我的丧失，对某种决定自我命运的外界异己力量的盲目恐惧，以及由恐惧引起的迷信崇拜。

而法治思维是指以法治价值和法治精神为导向，运用法律原则、法律规则、法律方法思考和处理问题的思维模式。法治思维包含以下几层含义：第一，法治思维以法治价值和法治精神为指导，蕴含着公正、平等、民主、人权等法治理念，是一种正当性思维；第二，法治思维以法律原则和法律规则为依据来指导人们的社会行为，是一种规范性思维；第三，法治思维以法律手段与法律方法为依托分析问题、处理问题、解决纠纷，是一种可靠的逻辑思维；第四，法治思维是一种符合规律、尊重事实的科学思维。因此，法治思维是一种融法律的价值属性和工具理性于一体的特殊的高级法律意识。

（二）法治思维的主要内容

法治思维的内涵丰富、外延宽广，主要表现为价值取向和规则意识两个方面。价值取向是指如何看待和对待法律，规则意识是指如何用法律看待和对待自身。一般来讲，法治思维主要包括法律至上、权力制约、公平正义、权利保障、正当程序等内容。

1.法律至上。法治思维就其实质而言是依据法律规范思考问题、实施决策、解决纠纷的思维。法治思维的规范特点来自法律本身，它是根据法律的思考，是受规范和程序约束、指引的思维，带有强烈的规范性和程序性特点。所以法治思维把法律置于至尊地位，主要体现为以下三个方面：

一是法律规范具有优先适用性。现代国家除了法律规范外还有很多规范，如宗教规范、道德规范、团体规范和行业规范等。同一项社会关系往往同时受到多种社会规范的调整，而多种社会规范又相互矛盾时，要优先考虑法律规范的适用。例如，当姊妹几人分配父母留下的遗产产生争执时，族规、乡规民约、道德规范等都可以成为解决争执的依据。但如果族规规定女孩出嫁后是别人家的人，不得分配遗产，乡规民约规定嫁出去的女孩应少分遗产，依据道德规范，人们感到老大家境最穷，应多分遗产，这时，根据不同的社会规范，遗产分配的方式和结果是相互矛盾的。那么，如何解决上述问题呢？法治思维认为只能首先依据法律规定，认定姊妹几人都有分配遗产的平等权，其他规范即使起作用，也要在依法平等分配之后，在自愿的基础上进行调整。

二是法律规范的不可违抗性。法治思维认为法律是地位最高、效力最广、强制力最大的规范，具有不可违抗性。法治思维要求任何国家机构、组织、个人都要服从法律、遵守法律，违反法律要受到惩罚，不论权力大小、职位高低，即使是最高统治者，也要受到处罚。

三是法律规范的普遍适用性。法律的普适性体现为，法律在本国主权范围内对所有人都具有普遍的约束力，体现为法律面前人人平等。实质上，法治的权威就来自法律的普遍适用性，不具备普适性的法律不是真正的法律。正如西塞罗所说："真正的法律乃是一种与自然相符合的正当理性；它具有普遍的适用性并且是不变而永恒的。"[①]

2.权力制约。从法治的起源来说，人们基于人性恶的理论假设，认为权力过于集中而不受限制，就会导致腐败，必须通过法律制度和程序严格限定权力行使的边界，以规范权力、保障权力得以正当行使。所以法治的精髓乃是限权，依法界定权力行使的边界和限度。正如美国著名法哲学家博登海默所说："法律的进步作用之一乃是约束和限制权力，而不论这种权力是私人权力还是政府权力。在法律统治的地方，权力的自由行使受到了规则的阻碍，这些规则迫使掌权者按一定的行为方式行事。"[②]通俗地说，法治的精髓主要是"治官"而不是"治民"，那种权力本位思维、认为权大于法的人，即使把"依法治国"喊得震天响，也只是把法律当作治民的工具，不是真正的法治思维。

我国是社会主义国家，国家权力是人民的，即一切权力为民所有，国家权力是为人民服务的，即一切权力为民所用。"各级党政组织、各级领导干部手中的权力是党和人民所赋予的，是上下左右有界受控的，不是可以为所欲为、随心所欲的。"[③]所以国家机关及其工作人员的权力必须受到法律的规制和约束，以此才能防止权力私用、权力滥用和权力腐败。而在我国以法限权的要求有四项：权力由法定、有权必有责、用权受监督、违法受追究。权力由法定，即法无授权不可为，是指国家机关的职权必须来自法律明确的授予；有权必有责，是指国家机关在获得权力的同时必须承担相应的职责和责任；用权受监督，是指国家权力的运行和行使必须接受各

①E.博登海默.法理学:法律哲学与法律方法[M].邓正来,译.北京:中国政法大学出版社,1999:14.

②E.博登海默.法理学:法律哲学与法律方法[M].邓正来,译.北京:中国政法大学出版社,1999:358.

③习近平总书记系列重要讲话读本[M].北京:学习出版社,2016:97.

种形式的监督，让权力在阳光下运行；违法受追究，是指国家工作人员违法行使权力必须受到法律的追究和制裁。

3.公平正义。马克思主义认为，公平正义观是一个社会历史范畴，是社会的产物，它受一定历史时期的经济基础制约。所以不同历史条件下，不同社会性质中，公平正义观念也有所不同。古希腊时期柏拉图把正义与智慧、勇敢、节制一起看作是人的四个主要的美德；亚里士多德认为正义是最大的善，意味着得其所应得。到了近代，公平正义已由古希腊的“德性观”转变为“契约观”，洛克、卢梭、孟德斯鸠等启蒙思想家运用自然状态、社会契约、自然法等一系列基本概念并以之为理论基础，推导出了他们各自的正义理念。例如，洛克认为公平正义就是尊重和服从建立在自然法基础上的国家法律，并保障公民的自由权利；霍布斯则指出公平正义是凭借国家权力保证自然法的实施，保证人们遵守“信约”；卢梭把“公意”当作正义，而公意则是根据契约结成的共同体全体成员的共同利益或共同意志。显然，近代的公平正义观就是对契约的遵守，保障公民自由权利。19世纪末20世纪初，功利主义从“最大多数人的最大幸福”这一社会目标出发，认为公平正义是“效率”，甚至为此可以牺牲个人权利。不过，这种观点受到了多方批判。罗尔斯在总结前人公平正义观的基础上，提出了公平正义的两个原则：一是平等原则，即每个人都拥有平等权利，并且这些权利不可被损害。在罗尔斯看来，正义必然是建立在平等自由的公民参与的基础之上的，正义所保障的权利绝不能因为交易或妥协而受到影响。二是差异原则，即社会和经济的安排，应使它们符合地位最不利的人的利益最大化的要求，换言之，各种分配应向社会弱势群体倾斜，这实质上是在追求结果公正。

公平正义同样是中国人孜孜以求的目标，只不过古代中国人的公平正义观是“平等”与“等级制”的统一，即中国古人认为平等是同一级别的成员享有同等的权利，而不同等级之间的差别是允许存在的，但这种差别不能超过一定的“度”，即人们常说的“良心”尺度。

那么，如何实现和保障公平正义呢？在人类历史上，人们“祈求过神灵，臣服过帝王，拥戴过英雄，痴迷过技术。”[①]但人们也慢慢发现，相比起变化莫测的神谕、喜怒无常的皇帝、信口雌黄的承诺、尔虞我诈的权术、朝令夕改的指示，法律要理性、稳定得多，从而也能带来更多的公平正义。于是，法治开始进入了人类文明，并渐渐地攻城掠池，最终在世界范围取得了对神治和人治的全面胜利。在传统法哲学中，公平正义几乎一直被视为法律的唯一价值。如今我国已走上社会主义道路，而公平正义是社会主义的一个基本价值取向，当然是社会主义法治思维的必然要求。它是指社会的政治利益、经济利益和其他利益在全体社会成员之间合理、公平地被分配和占有，主要包括权利公平、机会公平、规则公平和救济公平。

权利公平包括三重含义：一是权利主体平等，国家对每个权利主体“不偏袒”“非歧视”；二是享有的权利特别是基本权利平等；三是权利保护和权利救济平等。机会公平是指生活在同一社会中的成员，拥有相同的发展机会和发展前景，反对任何形式的歧视。它包括国家和社会要积极为社会成员的发展创造条件，并努力创造平等的起点；社会成员的发展进步权要受到同等尊重，不断拓展社会成员的发展领域；不仅要关注当代人的平等机会，还要考虑后代人的机会平等。规则公平是指对所有人适用同一的规则和标准，不得因人而异，包括法律规则、法律内容和法律保护面前人人平等，任何人不得享有法律之外的特权，任何人也不会被法律排除在保护之外。救济公平是指为权利受到侵害或处于弱势地位的公民提供平等有效的救济，包括司法救济公平，即司法要公正对待每一个当事人，致力于实现司法公正；行政救济公平，即政府对需要救济的社会成员提供的救济服务要一律平等，不得区别对待；社会救济公平，即社会对需要救济的社会成员提供的社会救济服务要一律平等，不得厚此薄彼。

①程麒台，何海锋.法治思维的内涵辨析[J].理论观察，2014(10)：72.

4.权利保障。常识告诉人们，人要生存发展就要满足一定的需要，如衣、食、住、行等。因此，需要是人之根本，是个体活动的基本动力，同时也是个体行为动力的重要源泉。所以马克思恩格斯说："任何人如果不同时为了自己的某种需要和为了这种需要的器官而做事，他就什么也不能做。"①而人的需要是多种多样的，马克思在《政治经济学批判大纲》中把人的基本需要大致概括为：最低限度的自然生理需要或生存需要；高层次的满足人的社会生活的社会需要；满足人的精神要求的精神需要。恩格斯还把人的需要分为生存需要、享受需要和发展需要三大类。美国著名的心理学家马斯洛把人的需要分为：生理需要、安全需要、归属需要、尊重需要、认知需要、审美需要、自我实现的需要等七个层次。人的需要虽然多种多样，但并非所有的需要都应该得到满足和实现。这是因为，一方面人的需要的满足要受到社会当时的生产力发展水平的制约，只有当生产力的发展为人们提供了满足需要的能力和条件时，需要的满足才能得以实现；另一方面，人的需要并不总是合理的，有正当与不正当、真实与虚假之分。一个社会应当尊重并优先满足和实现的是人的真实的、合理的、正当的需要，抵制和排斥人的虚假的、不合理的、非正当的需要。因为后者败坏人的身心、不利于人和社会的健康生存与有序发展。那么，如何甄别人的真实、合理、正当的需要，并予以优先承认和满足呢？权利就是这样一种甄别和给予优先承认的方式。例如从人们丰富多彩的各种需要中甄别出与人的生存和发展休戚相关的生命、自由、财产需要，并以国家强制力量予以承认和满足，就是天赋人权所说的"生命权""自由权"和"财产权"。因此，尽管人们对权利本质的界定是仁者见仁、智者见智，但从权利的起源和依据来看，权利无疑是"得到社会承认并由国家加以维护的要求"②。当权利能够为共同集体的道德所承认并为道德舆论所支持，这时我们称它为

①马克思恩格斯全集：第3卷[M].北京：人民出版社，1960：286.

②鲍桑葵.关于国家的哲学理论[M].汪淑钧，译.北京：商务印书馆，1995：207.

道德权利，而当它被法律承认和支持时，就是法律权利。

根据上述分析，权利内含着合理、合法和正当的需要，法律权利是得到法律认可并为法律所保护的合理、合法和正当需要，所以法治的核心就是保障公民的法律权利。我国是社会主义国家，一切权利归人民所有，享有广泛的法律权利，所以公民权利的法律保障是社会主义法治一项主要内容，其保障形式主要有宪法保障、立法保障、行政保护和司法保障。

宪法保障的内容包括：以宪法表明尊重和保障人权的鲜明态度，明确列出宪法保障的公民基本权利，确立保障权利的有效机制，推动整个国家和法律体系加强权利保障。宪法保障是权利保障的前提和基础。立法保障是指立法机关通过立法，把宪法所确定的有关基本权利的原则性规定加以具体化、明确化，它是权利保障的重要条件。行政保护是指行政机关在行使行政管理权的过程中，必须依法行政，避免侵害公民利益，如有侵犯，能及时依法纠正，它是权利保障的关键环节。司法保障是指通过司法解决权利纠纷，纠正和遏制行政机关和其他强权侵犯公民权利，它是公民权利保障的最后防线。

5. 正当程序。程序即做事的先后次序，或“按时间先后或依次安排的工作步骤”。正当程序既有利于防止国家权力的滥用，避免人治在立法、行政、司法活动中的膨胀，又有利于对立法、司法活动中的民主和人权进行保障，还体现国家法律制度的公正与否，成为衡量国家法治程度的标准，正是在这个意义上，依法治国被主张为“依程序法治国”，法治的实现过程被强调为“从实体到程序”或“法治的程序化”过程。可见，实现正当程序是贯彻法治的必由之路。

程序正当表现在程序的合法性、中立性、参与性、公开性、时限性等方面。程序的合法性是指程序运行合乎法律的规定，有关机关或个人不得违反或变相违反；程序的中立性是指程序设计和运行应平等地对待各方当事人，不得偏向任何一方；程序的参与性是指案件或纠纷的利害关系人都有机会进入办案程序，充分表达自己的利益诉求和意见主张，为解决纠纷发挥作用；程序的公开性是指程序运行的过程和结果应当向当事人和社会公开，以接受各方监督，防止办案不公和暗箱操作，让正义以人们看得见的方式实现；程序的时限性是指程序的运行必须有合理的期限，符合时间成本和效率原则的要求，不得无故拖延或没有终结，正所谓“迟到的正义即非正义”。

（三）法治思维的培养

1. 抛弃人治思维。人治思维漠视规则的普遍适用性，是个人说了算的专断思维，奉行个人的意志为最高权威，主张人高于法或权大于法，以言代法、言出法随、朝令夕改，具有极大的任意性和非理性，它片面强调依赖个人的魅力、德性和才智来治国平天下。简言之，人治思维与法治思维所要求的依法办事、平等待人、尊重大众意志以及以法律为最高权威等格格不入，必须予以摒弃。

2. 学习法律知识。一个对法律知识一无所知的人，不可能形成法治思维。学习和掌握基本的法律知识就是要通过书本、报纸、杂志、广播、电视以及网络等多种渠道，了解一些法律法规条文和法律法治基本原理，弄明白享有哪些权利和应当履行哪些义务，明确什么事能干、什么事不能干，这是培养法治思维的前提。

3. 掌握法律方法。法治思维的过程，就是运用法律方法思考、分析和解决法律问题的过程。法律方法主要包括两个方面：一是正确理解法律的方法，包括理解法律条文的含义、内容和精神等。二是正确运用法律的方法。

4. 参与法律实践。法律实践是指运用法律知识和方法思考、分析、解决法律问题的活动。如今大学生法律实践形式越来越丰富：一是参与立法讨论。国家或地方的很多立法都要广泛征求意见或者进行听证，大学生可以参与这些立法的讨论，发表自己的有关意见。二是依法行使监督权。大学生可以根据宪法和法律赋予公民的权利，对国家机关及其工作人员的行为是否合法进行监督，包括提出批评、建议和申诉、控告、检举。三是旁听司法审判。大学生可以向人民法院申请旁听法院庭审，了解案件的审判过程。四是参与模拟法庭、法律诊所、法律辩论等校园法治文化活动。

5.养成守法习惯。法治思维是一种习惯性思维，与长期自觉养成的生活习惯有很大关系。在生产生活中大学生要坚持遇事找法律，而不是找“关系”、找政府，不是指望行政化手段干涉，并渐渐使之成为自己的行为习惯。

六、法律权威

（一）权威与法律权威

权威源于拉丁文auctoritas，含有尊严、权力和力量的意思，指人类社会实践过程中形成的具有威望和支配作用的力量。[①]而恩格斯在《论权威》中指出：“这里所说的权威，是指把别人的意志强加于我们；另一方面，权威又是以服从为前提的。”[②]因此权威包括两大要素：强制和自发的信从。强制是指权威是一种强制性的意志，是以强制力来保障实现的。自发信从意味着权威是建立在主观信仰基础上的，也就是说，权威不是简单地用强制力压服，而是有一定的合法性，能够让作用对象自愿认同。马克斯·韦伯在研究大量史料的基础上，依据权威来源，把权威归纳为三种类型，即传统型权威、魅力型权威和法理型权威。

①辞海编辑委员会.辞海[M].上海：上海辞书出版社，1999：3554.

②马克思恩格斯选集：第3卷[M].北京：人民出版社，2012：224.

所谓传统型权威，是指建立在古老传统和神圣惯例基础上的权威。例如通过王位世袭继承或宗教神谕获得的权威等。根据马克斯·韦伯的观点，中国古代的皇帝传位给嫡长子、宗族长老的权威都是传统型权威，欧洲中世纪教皇加冕使国王获得的权威也是传统型权威，“君权神授”“奉天承运”都是传统权威的体现。魅力型权威也称克里斯玛型权威，是指那些凭借自己超凡品质和个人魅力来吸引大众并施加影响的权威类型，诸如项羽、克伦威尔、拿破仑以及革命年代领袖、伟人获得的追随和服从等，就属于这种权威。法理型权威是指以法律为依据的权威，即建立在对理性、法律及官僚体制和法定授权的信任、服从之上的权威，这种权威的产生不是基于对个人的忠诚，而依赖于非人格的组织机构和制度规范。传统型权威和魅力型权威下，普通百姓以及大小官吏都是向作为最高统治者的个人或领袖、英雄人物表示效忠和服从，都是典型的“人治”。而法理型权威就是以法律为依据进行统治与管理。这里，统治阶级的意志不是通过对个人权威的效忠，而是通过对法律权威的遵从而得以表达和贯彻的。它要求所有人，无论普通民众还是领袖、官员，都必须忠实于法律，受法律制约，即法律面前人人平等。相对于传统型权威和魅力型权威统治，法理型权威统治强调依法治理，因此在体制的建构和运作上达到更规范、更健全的程度。在立法方面，它剔除个人忠诚的非理性的任意成分，确立了一个人人都必须遵从的非人格的法律体系。在行政方面，它打破恣意专断、职责不明、任人唯亲的传统组织结构，建立了一个注意规范和效率的现代官僚体制。在这个体制中，每个职位都有法律明确规定权限范围，各级官员按照职位的专业资格要求来录用，行政决策和公务办理在法治轨道上有序进行，成了职责明晰、上下协调、前后连贯的技术性操作与组织化行为。在司法方面，它坚持由公认的合法权威，按照严格的程序将抽象的一般规则运用于特定事例，从而能够相对准确地预测人们的社会行为以及行为的法律后果。总之，法理型权威治理下的社会就是法治社会，法律权威就是法理型权威，是指法律在社会生活中的作用力、影响力和公信力，是法律应有的尊严和生命。

（二）尊重和维护法律权威意义

中国是个有着悠久的人治传统的国家。几千年的皇权专制让权力恣意横行成为习惯，权力大于法律，民众惧怕权力、崇拜权力、盲目服从权力，追求权力，法律成为统治者治理老百姓的工具。久而久之，中国形成了浓厚的人治氛围，法治没有生长的余地，甚至“冤死不告状”成为人们的座右铭。中华人民共和国成立后，尤其是改革开放以来，随着我国民主法治的发展，人们的法治意识总的来说日益提高，但与社会主义法治的要求依然有很大差距，突出表现为很多人对法律不信任，认为靠法律解决不了问题，遇事总是想找门路、托关系，或者采取极端行为，一些人特别是一些手握权柄的人不把法律当回事，把个人意志凌驾于法律之上，藐视法律权威，特权思想依然有很大市场，面对各种危害法治、践踏法治的行为，一些人存在事不关己、高高挂起的消极心态，等等。上述现象实质上就是法律权威不高的表现。

因此，尊重和维护法律权威有重大意义。首先，它是保证法律发挥作用的基础。亚里士多德从经验和理论层面考察、论证法律必须具有至上的权威，否则法律就会失去作用，政体就不存在。其次，尊重和维护法律权威是建设社会主义法治国家的前提。中国摆脱传统社会、进入现代法治社会，是中国特色社会主义发展方向，是中华民族的福祉所在。但在像中国这样有着悠久人治传统的国家，实现法治必须克服根深蒂固的权力崇拜，尊重和维护法律权威。再次，尊重和维护法律权威是推进国家治理体系现代化和治理能力的关键。国家治理体系和治理能力现代化取决于中国特色社会主义各项法律制度的成熟和定型程度，取决于这套规则体系的运行效能。从目标上说，实现国家治理体系和治理能力现代化，是要实现治理行为规范化、法治化、民主化、效率化和协调化。很显然，其中法治化是核心，而法治要以尊重和维护法律权威为前提条件。最后，尊重和维护法律权威是维护个人合法权益、保障人民权利的需要。在现实生活中，每个人都可能会遇到这样或那样的侵害个人权益的问题，所以有人把当今社会称为风险社会。在应对各种风险时如何维护和保障自身权益呢？靠找关系、找权力，靠道德说教，还是靠金钱收买？其实最可靠的解决途径就是信仰法律、依靠法律权威。

（三）塑造法律权威的路径

法律是否具有权威，主要取决于以下要素：一是法律在国家和社会治理体系中要占主导地位和起决定作用；二是法律本身要反映客观规律和人类理性，具有科学性即应该是“良法”；三是法律在实践中得到严格实施和遵循；四是法律被社会成员尊崇或信仰。根据法律权威的构成要素，塑造法律权威应从以下四方面着手：一是民主立法、科学立法，立良法，让法律反映客观规律和人类理性，从而增强法律的科学性。二是严格执法。政府是社会上拥有最强大权力和最丰富资源的组织，这样一种地位导致政府最有可能滥用权力并且制造社会不公。而一旦政府违法，后果往往也最严重。同时，政府的行为对社会大众有引领作用，如果期望人民都能够遵纪守法，政府必须做出表率。如果知法犯法，自己去破坏自己制定的游戏规则，民众自然会感到法律荒谬、可笑、毫无权威。所以塑造法律权威首先就需要让政府臣服于法律，杜绝把个人意志凌驾于法律之上，杜绝权大于法，严格按照法律明确规定行使权力。三是公正司法，让法律在解决纠纷、矛盾以及在国家和社会治理体系中占主导地位和起决定作用。四是全民守法，在全社会形成法治文化，提高社会成员法律意识，形成全社会成员信仰法律、遵守法律和服从法律的社会氛围。

七、法律权利

（一）权利的含义

一般地，人们谈起“权利”都是指人所享有的权利，而不包括动物权利。权利从起源上说是从“人权”开始的，人权诞生于欧洲，资产阶级认为是“天赋”的，其最初的意义是为了制衡国家权力，保护个人利益。在这个意义上，人权是遏止国家权力的雷池。在当时人们的观念中，国家权力和权利是对立的，认为只要国家代表的“公共权力”在法定职责范围内行使，不越过权力边界，作为个体的公民的权利就不会被侵犯。在中国孔孟时代就产生了权利观念的萌芽，孔子提出的“仁政”思想包含着深厚的人道精神，他主张“人”是没有区别的，每个人的生命应该得到平等的尊重。但就权利的界定来说，有权力资格说、权力主张说、权力自由说、权力利益说、权利法力说、权力可能说等多种说法。

“权利资格说”认为权利是能够做某事或不做某事的正当资格。格劳秀斯在定义权利时写道：“由于它，一个人有资格正当地占有某种东西或正当地做出某种事情。”[①]而米尔恩则进一步解释道：“权利概念之要义是资格。说你对某物享有权利，是说你有资格有它，如享有投票、接受养老金、持有个人见解，以及享有家庭隐私的权利。”[②]而且，米尔恩还进一步指出，说权利就是资格不过是换个字眼，这种替换实际上指出了权利的来源。

“权利主张说”把权利定义为一种合理的、有效的主张、要求或索取。约翰·密尔指出：“当我们把任何一种东西称作一个人的权利时，我们的意

①张文显.法哲学范畴研究[M].北京：中国政法大学出版社，2001:300.

②米尔恩.人的权利与人的多样性：人权哲学[M].夏勇，译.北京：中国大百科全书出版社，1995:111.

思是，他拥有一种有效地要求社会用法律或教育和舆论的力量，来保护他的占有。”[①]范伯格则进一步解释说：“几乎所有的作者都主张‘有所要求’和‘享有权利’之间存在着某种密切关系。某些作者不加修饰地将权利和要求等同起来；某些人把‘权利’定义为是合理的、合法的要求，或得到承认的要求、或正当有效的要求。我自己则偏向于后一种定义。”[②]

“权利自由说”的根本观点可以概括为一句话：权利是法律所保障的自由。诸如霍布斯、洛克、斯宾诺莎、康德、黑格尔、斯宾塞等，都是权利自由说的大师。康德认为权利概念只表示一个人的自由行为与别人行为的自由的关系。[③]黑格尔说：“法定的权利，不论是私人的或说国家、市镇等公共的，原先就称之为‘自由’。”[④]“自由既是权利的实质又是权利的目标，而权利体系则是已成现实的自由王国。”[⑤]

“权利利益说”认为权利不过是一种利益的理论，权利是一种利益、索取或要求，是受到法律保障的利益、索取或要求。耶林说：“权利就是受到法律保护的一种利益。所有的利益并不都是权利，只有为法律所承认和保障的利益才是权利。”[⑥]例如一个人通过合法的经营获得利益是他的权利，但想通过抢银行获得利益，则不是他的权利，因为这种利益不受法律保障。

“权利法力说”实质上是一种更为复杂的利益说。简言之，“权利法力说”认为权利是保障利益的法律力量或手段。例如，吴学义指出：“法力说谓权利为可享受特定利益之法律上之力。”[⑦]又如，韩忠谟说：“法律上之力说，以为权利乃法律为使人享受一定利益，所赋予的法律上之力，也就是

---

① 该论断见于约翰·密尔 *Great Books of The Western World* 一书中，中文为笔者翻译。

②范伯格.自由、权利和社会正义[M].王守昌，戴栩，译.贵阳：贵州人民出版社，1998：94.

③康德.法的形而上学原理[M].沈叔平，译.北京：商务印书馆，1991：401.

④周辅成.从文艺复兴到十九世纪资产阶级哲学家政治思想家有关人道主义人性论言论选辑[M].北京：商务印书馆，1966：681.

⑤黑格尔.法哲学原理[M].范扬，张企泰，译.北京：商务印书馆，1962：652.

⑥庞德.通过法律的社会控制法律的任务[M].沈崇灵，董世忠，译.北京：商务印书馆，1984：46.

⑦吴学义.法学纲要[M].北京：中华书局，1935：92.

可以享受利益的法律上之力。”①

“权利可能说”是指权利是法律所保障的按照自己意志进行活动的可能性。苏联法学家罗马什金说：“权利是指法律规范所规定的有权人作出一定行为和作出一定行为的可能性。”②卡列娃也有同样的观点，认为“受到国家保障的、有权人作出一定行为的可能性，包括要求别人做出一定行为的可能性，叫做权利。”③

然而，上述非马克思主义的权利界定并没能真正揭示权利的本质。马克思主义经典作家在详细地考察了人类社会的历史进程，深入地研究、总结和批判了以往思想家的权利理论的基础上，通过他们的革命实践并结合当时的社会现实逐渐形成了自己的科学权利理论。马克思主义认为权利不是“天赋”的，而是人类社会利益关系的反映，是人类社会历史发展的产物，是一个时期的人类社会物质文明和文化结构所决定的选择自由。“权利决不能超出社会的经济结构以及由经济结构制约的社会的文化发展。”④“所谓的权利只要脱离了作为他们的基础的经验的现实，就可以像翻手套一样地任意翻弄。”⑤列宁也指出：“《资本论》一书已经证明，滋长自由平等思想的土壤正是商品生产。”⑥也就是说，商品生产这样的社会物质生产及其文化意识才能产生自由、平等这样的权利。所以权利会随着社会历史的发展而发展，因此权利是历史的、具体的和相对的。马克思主义还认为，权利首先反映的是经济基础占统治地位的阶级利益，所以权利具有阶级性。统治阶级为了维护这些权利，会制定反映自己意志的法律加以保护。综上所述，根据马克思主义，权利可以被定义为一定社会关系中，一定的社会物质生产和文化结构所决定的，由国家法律所保护和维护的选择自由。

---

①韩忠谟.法学绪论[M].北京：中国政法大学出版社，2002：173.

②罗马什金，等.国家和法的理论[M].中国科学院法学研究所，译.北京：法律出版社，1963：468.

③卡列娃，等.国家和法的理论（下册）[M].李嘉恩，等译.北京：中国人民大学出版社，1956：450.

④马克思恩格斯选集：第3卷[M].北京：人民出版社，2012：305.

⑤马克思恩格斯全集：第3卷[M].北京：人民出版社，1960：374.

⑥列宁全集：第1卷[M].北京：人民出版社，1955：428.

（二）法律权利

法律权利简言之就是被法律认可并加以维护的那些权利。权利范围很广，而法律权利范围相对较小，所以权利不会全部被法律所认可。例如，年幼的弟弟妹妹有权利要求年长的哥哥姐姐予以照顾，但这个权利并没有被法律所承认，不属于法律权利，哥哥姐姐不照顾弟弟妹妹并不是侵犯了弟弟妹妹的法律权利。又如，在一些宗族中族长所具有的权利就没有进入法律，不属于法律权利。总之，除了法律权利之外，人所享有的权利还包括道德权利、宗教权利等多方面的权利，但它们都不属于法律权利。

法律权利是指反映一定的社会物质生活条件所制约的行为自由，是法律所允许的权利人为了满足自己的利益而采取的、由其他人的法律义务所保证的法律手段。从这个定义来看，法律权利有以下特征：一是权利的内容、种类和实现程度受社会物质生活条件的制约，不能脱离一个国家或地区的经济社会发展阶段和水平空谈权利及其实现。例如，一般来说发达国家比落后国家公民享受的法律权利要多一些。二是法律权利的内容、分配和实现方式因社会制度和国家法律的不同而存在差异。例如，关于财产权，资本主义法律规定私有财产神圣不可侵犯，而社会主义法律首先规定公共财产神圣不可侵犯，同时规定公民合法的私有财产不受侵犯。三是法律权利不仅由法律规定或认可，而且受法律维护或保障，具有不可侵犯性，有国家强制力保障其实现。例如，拖欠农民工工资侵害了农民工劳动报酬权，国家相关机关出面帮助农民工讨薪，就是法律保护和维护法律权利的体现。四是法律权利必须依法行使，不能不择手段。例如，我国宪法明确规定公民有集会、游行和示威的自由权利，但行使上述权利必须首先遵守法律，即依法申请、获得相关部门批准、按规定的地点路线和平进行，而不能像“港独”分子那样不经申请，靠谣言和煽动来暴力进行。

（三）我国公民的基本法律权利及其行使

1. 我国公民的基本法律权利。我国宪法法律规定了公民享有的广泛权利，主要包括政治权利、人身权利、财产权利、社会经济权利、宗教信仰及文化权利等。其中政治权利，是公民参与国家政治活动的权利和自由的统称，包括选举权与被选举权、表达权、民主管理权以及监督权。人身权利，是指公民的人身不受非法侵犯的权利，包括生命健康权、人身自由权、人格尊严权、住宅安全权、通信自由权等。财产权利，是指公民、法人或其他组织通过劳动或其他合法方式取得财产和占有、使用、收益、处分财产的权利，主要包括私有财产权、继承权。社会经济权利，是指公民要求国家根据社会经济的发展状况，积极采取措施保障公民过上健康而有尊严的生活的权利，主要包括劳动权、休息权、社会保障权、物质帮助权等。宗教信仰及文化权利，是指公民依法享有的与宗教信仰活动和文化生活相关联的自由和权利的总称，主要包括宗教信仰自由、文化教育权等。

2. 法律权利的行使界限。法律权利行使的界限是法律，超出这个边界就可能侵犯到他人的权利或者损害到国家、社会的利益。简言之，法律权利行使就是要符合相关法律规定，这也是行使法律权利的限度。这里所讲的“符合相关法律规定”，既包括符合法律条文的规定，符合法律规定的程序，也包括符合立法意图和精神，还包括不得破坏公序良俗。从法律权利行使的目的来说，是为了保障权利行使的正当性，保障法律的社会功能和法律价值的实现。

八、法律义务

（一）义务的含义

关于“义务”的概念，古今中外的大家给出了多种界定。康德把义务作为体现善良意志的、并出于尊重规律而产生的行为必要性。他指出作为善良意志的体现的义务“就是出于尊重规律而产生的行为必要性”。[①]康德还从三个层次深化对义务的理解：一法的义务和德性义务。法的义务是指一种和权利紧密相连的外在强迫。这里的“外在强迫”实质上就是保障法律实施的国家强制力，即这样的义务必须履行，不履行就会受到法的制裁。而且，这种义务与权利密切相连，即一个人尽义务的同时就享有权。德性义务是一种和权利并非紧密相连的内在强迫，即履行这种义务的力量来自内心的道德自觉，而且履行德性义务并不能因此向别人要求享有某些权利。二是狭义的德性义务，包括完全义务和不完全义务。“完全义务”就是绝对没有例外的义务，违背了完全的义务就会陷入完全的自相矛盾和自我取消，例如不要自杀、不要骗人等。“不完全的义务”则允许有例外，违背不完全的义务则不一定是自我取消，例如在发展自己的才能的同时，尽力帮助别人等。三是广义的德性义务，包括间接义务和直接义务。“直接义务”就是绝对命令，是为了追求幸福、利益、快乐等外在目的而必须尽的义务。“间接义务”是假言命令，是指为了抵制使人趋向邪恶的极大诱惑，进而避免痛苦、贫困、不幸等而应该履行的义务，是间接地为外在目的服务的义务。我国的儒家把遵从封建礼教、纲常伦理等道德规定看作是义务，而且把义务与权利对立起来，反对“以义取利”。如孔子主张“君子喻于义，小人喻

①康德.道德形而上学原理[M].苗力田，译.上海：上海人民出版社，2012：16

于利”。孟子则指出：“何必曰利？亦有人已而已矣。”宋明儒家思想则认为应该“销利归义”。

马克思主义认为义务就是人们在政治上、法律上、道义上应尽的责任。其中政治上、法律上的义务都是法定的，即法律义务，是法律规定的对法律关系主体必须作出一定行为或不得作出一定行为的约束。它和权利一样，不是从来就有的，也不是“天赋的”和“永恒的”，而是社会发展到一定历史阶段的产物，是掌握国家政权的阶级的意志和利益的体现。人们尽义务不需要报酬，法定义务的履行由国家强制力保证实现，不同群体所承担的义务状况，实质上是阶级力量对比关系的体现。例如在奴隶社会，奴隶是奴隶主的私人财产，是会说话的工具，他们不是法律关系的主体，所以没有任何法定的权利，只有向奴隶主尽义务的份。奴隶如果不尽义务或想争取权利，就会受到国家机器的镇压。在资本主义社会，虽然法律规定所有公民有平等的权利和义务，但经济上的不平等使人们事实上无法享有平等的权利，也不可能平等地履行义务。比如，比尔·盖茨和普通工人事实上所履行的义务、享受的权利绝对是不平等的。

显然，法律义务具有以下特点：第一，法律义务是历史的。法律义务的内容和履行方式随着经济社会的发展和人权保障的进步而不断调整和变化。第二，法律义务源于现实需要。一个国家或地区的制度性质、历史传统、文化背景、宗教信仰和安全形势等因素，会对法律义务的设定产生重要影响。例如，我国自古就有“孝道”的历史传统，中国人的思想观念中也有浓厚的“孝道”文化观念，所以我国法律就规定公民有“赡养父母的义务”。但很多西方国家具有很强的“个人独立”意识，所以那些国家的法律没有规定子女赡养父母的义务。第三，法律义务必须依法设定。法律义务必须由具有法律职权的国家机关依照法律程序设定，其他国家机关不得对公民违法设定法律义务。第四，法律义务可能发生变化。公民和社会组织承担的法律义务，在履行的过程中可能会因法定情形变更、消灭，或产生新的法律义务。例如，债务人欠债权人的钱财，由于债权人在法定的期限（两年）内没有行使索要的权利，债务人原来承担的强制归还义务就转化为自愿归还义务。又如，行为人违反交通管理法规，造成交通事故，侵犯了他人权利，依法应承担民事赔偿责任（义务）。但由于当场逃逸，企图逃避法律义务并导致损失扩大的，其不仅要承担民事责任，还要承担刑事责任，这个刑事责任就是派生的。

道德义务是个人对他人、集体和社会应尽的道德责任，大致可分为两大类：前者是对自己的家庭、亲属、朋友、同事等应尽的道德责任，后者是对祖国、民族、集体等应尽的道德责任，是人们基于对他人和社会利益的理解，在内心信念的引导下自觉履行的责任。马克思主义认为道德义务是从人们所处的社会关系中产生的，不管个人是否意识到，客观上必然会对他人、对社会负有一定的使命和职责。随着社会关系的发展变化，道德义务的内容和范围也在不断变化和发展，因而它是具体的历史的范畴。在阶级社会中，道德义务本质上反映了各个阶级的利益和要求。人们所处的社会关系的复杂性，决定了道德义务的多样性，道德义务与政治义务、法律义务不仅在内容上不同，而且实现的形式也不相同。政治、法律义务主要依靠外在的强制力发生作用，拒绝尽这种义务，会受到相应的纪律或法律的追究。道德义务虽然也受外在的社会舆论的约束，但主要靠人们内心自觉的信念。无产阶级的道德义务，是根据共产主义道德原则和规范提出来的，要求把履行对阶级、民族、国家的义务放在首位。对于共产主义者来说，道德义务不只是外在的要求和职责，更重要的是为共产主义事业而奋斗的内心需要和高度自觉。

（二）法律权利与法律义务的关系

从权利和义务产生与发展的角度看，两者经历了一个从浑然一体到分裂对立再到相对一致的过程。在原始社会，因为没有法律加以界定，权利和义务的界限也不是很明确，两者实际上是混为一体的。到了奴隶社会和封建社会，权利和义务明目张胆地在数量分配上出现了不平衡：统治集团只享有权利，而几乎把一切义务强加于被统治者。例如，我国封建专制王朝的法律大多规定按人头纳税，其结果是土地很少甚至没有土地的农民均有纳税义务，而土地广袤的官绅却很少纳税，而且官绅还没有服徭役的义务。实际上官绅等于只享受拥有和使用土地的权利，而没有纳税和服役的义务。到了资本主义社会，虽然提出了“天赋人权”，法律也规定法律面前人人平等，所有公民都有平等的权利和义务，但那只是表面的平等，贫富悬殊而造成的权益与义务的不平等却真实地存在着。只有到了社会主义社会特别是共产主义社会，“权利和义务相一致”原则才真正落实。

而从法治的角度看，法律权利和义务的关系有以下几方面：一是相互依存的关系，即法律权利的实现必须以相应法律义务的履行为条件，例如在十字路口，只有红灯状态下的人们履行了“红灯停”的义务，绿灯状态下的人们才能行使顺畅通行十字路口的权利。同时，法律义务的设定和履行也必须以法律权利的行使为根据，不存在没有权利根据的法律义务，如债务人的还款义务，来自其先前取得权利人财物的行为。二是目的与手段的关系，法律权利是目的，法律义务是手段，即人们履行法律义务就是为了实现法律权利。离开了法律权利，法律义务就失去了履行的价值和动力；离开了法律义务，法律权利也形同虚设。三是复合性的关系，也叫二重性关系，有些行为既是行使法律权利行为又是履行法律义务行为。如劳动的权利和义务，接受义务教育的权利和义务。四是总量上的等值关系。一个社会中法律权利和义务的具体分配对于不同人群来说是不同的，一般地弱势群体的义务多于权利，而强势群体的权利多于义务。但无论法律权利和法律义务怎样分配，不管每个社会成员实际享有的法律权利和承担的法律义务怎样不均衡，也不管规定权利与义务的法条数量是否相等，法律权利与法律义务在总量上是等值或等额的。

（三）我国公民的法律权利和义务

1.我国公民的法律权利和义务具有平等性。这是我国社会主义法治的基本要求，也是社会公平正义的重要方面。其内涵在于以下几方面：一是法律面前人人平等被确立为基本原则，即不允许一些人只享受权利不承担义务，或者多享受权利少承担义务，另一些人只承担义务不享受权利，或者多承担义务少享受权利，反对任何形式的厚此薄彼。二是在法律权利和法律义务的具体设定上要平等，即法律权利和义务的确定要相互适应，不能超出公正和平等的限度。三是权利与义务的实现要体现平等，即权利人只能按照权利的内容行使权利，不能“得理不饶人”，向义务人提出过分要求。同样，义务人必须满足权利人的合法权益，不得逃避应当承担的法律义务。

2.我国公民的基本法律义务。恽代英曾说：“吾人不能离群而独居，故必有群居之道。吾人舍群亦不能安其居。故将欲保自身，亦必以保群为要义。此吾人所以对于国家社会而有所谓应尽之义务也。”①也就是说，由于人不能脱离社会而独立生存，彼此必然发生一定的关系，承担一定的义务。这是人类为保存自己、保存社会而应当担负的一种责任。简言之，履行义务不仅对社会来说是必要的，对自己也是有利的。当然，上述情况需要一个前提条件，就是人们的权利与义务是平等的。所以事实上确实如此。在法律权利与法律义务相一致的情况下，一个人无论是行使权利还是履行义务，实际上对自己和社会都是有利的。比如，公民应征入伍，既履行了保卫祖国义务，表现为一种付出，也维护了国家安全，保护了自己的安全利益。所以大学生应当依法行使权利、积极履行义务，既珍惜自己的权利又尊重他人的权利，既善于行使权利又自觉履行义务。

那么，我国公民基本的法律义务有哪些呢？除了在各个部门法中规定

---

①韩凌轩.恽代英早期的义务论思想[J].东岳论丛，1986(3)：53.

了公民的法律义务外，我国宪法特别规定了公民的基本义务。具体包括：维护国家统一和全国各民族团结的义务；遵守宪法和法律，保守国家秘密、爱护公共财产、遵守劳动纪律、遵守公共秩序、尊重社会公德的义务；维护祖国安全、荣誉和利益的义务；保卫祖国、抵抗侵略和依法服兵役、参加民兵组织的义务；依法纳税的义务。此外，公民还有劳动的义务和受教育的义务，父母有抚养教育未成年子女的义务，成年子女有赡养扶助父母的义务等。

主要参考文献

一

［1］马克思恩格斯选集：第1卷［M］.北京：人民出版社，2012.

［2］马克思恩格斯选集：第3卷［M］.北京：人民出版社，2012.

［3］马克思恩格斯文集：第1卷［M］.北京：人民出版社，2009

［4］马克思恩格斯全集：第1卷［M］.北京：人民出版社，1956.

［5］马克思恩格斯全集：第2卷［M］.北京：人民出版社，1957.

［6］马克思恩格斯全集：第23卷［M］.北京：人民出版社，1972.

［7］马克思恩格斯全集：第3卷［M］.北京：人民出版社，1960.

［8］马克思恩格斯全集：第40卷［M］.北京：人民出版社，1982.

［9］列宁全集：第1卷［M］.北京：人民出版社，1955.

［10］毛泽东选集：第1卷［M］.北京：人民出版社，1991.

［11］毛泽东选集：第2卷［M］.北京：人民出版社，1991.

［12］毛泽东选集：第3卷［M］.北京：人民出版社：1991

[13] 毛泽东选集：第4卷 [M] .北京：人民出版社，1991.

[14] 邓小平文选：第2卷 [M] .北京：人民出版社，1994.

[15] 胡锦涛文选：第2卷 [M] .北京：人民出版社，2016.

[16] 习近平谈治国理政：第1卷 [M] .北京：外文出版社，2018.

[17] 习近平关于实现中华民族伟大复兴的中国梦论述摘编 [M] .北京：中央文献出版社，2013.

[18] 十八大以来重要文献选编：中 [M] .北京：中央文献出版社，2016.

二

[1] 达尔文.人类的由来：上 [M]，潘光旦，胡寿文，译.北京：商务印书馆，2009.

[2] 蒂洛.伦理学：理论与实践 [M] .孟庆时，程立显，译.北京：北京大学出版社，1985.

[3] 范伯格.自由、权利和社会正义 [M] .王守昌，戴栩，译.贵阳：贵州人民出版社，1998.

[4] 黑格尔.法哲学原理 [M] .范杨，张企泰，译.北京：商务印书馆，1962.

[5] 康德.道德形而上学原理 [M] .苗力田，译.上海：上海人民出版社，2012.

[6] 康德.法的形而上学原理 [M] .沈叔平，译.北京：商务印书馆，1991.

[7] 罗马什金，等.国家和法的理论 [M] .中国科学院法学研究所，译.北京：法律出版社，1963.

［8］卢梭.社会契约论［M］.何兆武，译.北京：商务印书馆，1982.

［9］庞德.通过法律的社会控制：法律的任务［M］.沈崇灵，董世忠译.北京：商务印书馆，1984.

［10］伊壁鸠鲁，卢克来修.自然与快乐：伊壁鸠鲁的哲学［M］.包利民，刘玉鹏，王玮玮，译.北京：中国社会科学出版社，2018.

三

［1］北京大学哲学系外国哲学史教研室.古希腊罗马哲学［M］.北京：商务印书馆，1983.

［2］陈来.古代思想文化的世界［M］.北京：三联书店，2009.

［3］怀恩.周总理青少年时代诗文书信集：下卷［M］.成都：四川人民出版社，1980.

［4］胡惠林.国家文化安全学［M］.北京：清华大学出版社，2016.

［5］韩忠谟.法学绪论［M］.北京：中国政法大学出版社，2002.

［6］刘政，于友民，程湘清.人民代表大会工作全书［M］.北京：中国法制出版社，1999.

［7］王通讯.宏观人才学［M］.北京：人民出版社，1987.

［8］吴学义.法学纲要［M］.北京：中华书局，1935.

［9］杨伯峻.孟子译注［M］.北京：中华书局，2008.

［10］周辅成.从文艺复兴到十九世纪资产阶级哲学家政治思想家有关人道主义人性论言论选辑［M］.北京：商务印书馆，1966：681.

［11］张锡勤.中国传统道德举要［M］.哈尔滨：黑龙江大学出版社，2009.

［12］张英.幸福论［M］.北京：人民出版社，2004.

四

［1］韩凌轩．恽代英早期的义务论思想［J］．东岳论丛，1986（3）：53，51-57.

［2］梁平．爱国主义是卢作孚经营民生公司的主旋律［J］．中央社会主义学院学报，1998（8）：35-38.

［3］彭伯林，赖换初．道德起源的三个视角［J］．哲学动态，2003（11）：14-17.

［4］王海明，孙英．几个价值难题之我见［J］．哲学研究，1992（10）：37-41.

［5］张立民，周红英．和谐社会视野下的幸福观定位［J］．学术论坛，2007（9）：57-60.

［6］张薇，肖群忠．义势两辨荣辱相分：荀子荣辱观及其当代启示［J］．道德与文明，2006（6）：21-23.

后记

本书是2020年安徽省高校质量工程重点教学研究项目：高校思政课程和课程思政融通机制研究（2020szjyxm030）建设成果之一，也是集体智慧的结晶。这些集体智慧包括我能阅读到的、并在写作中参考过的各种文献，包括经常参加思政课教学讨论并给予我很多启迪的同仁的见解，也包括项目实施过程中，一些专家的真知灼见。

拙作的出版，得益于安徽机电职业技术学院的资助，衷心感谢学校领导给我提供这一机会。我也要感谢听过我课的学生们。他们在学习过程中对“道法”课所表现出的浓厚兴趣给了我巨大鼓舞，提出的各种问题、建议，成为我深入研究和写作的动力。